Mindfulness Word Search Puzzle Book for Adults

Disclaimer

Copyright © 2022

All Rights Reserved.

No part of this book can be transmitted or reproduced in any form including print, electronic, photocopying, scanning, mechanical or recording without prior written permission from the author.

While the author has taken utmost efforts to ensure the accuracy of the written content, all readers are advised to follow information mentioned herein at their own risk. The author cannot be held responsible for any personal or commercial damage caused by information. All readers are encouraged to seek professional advice when needed.

Happiness

B	J	S	F	Q	J	S	H	G	U	A	L	J	M	Z
R	W	A	V	A	V	J	H	W	V	L	U	O	G	B
S	P	Z	S	G	X	Y	J	W	T	F	S	A	U	S
L	N	Z	Q	E	K	A	C	N	F	G	Z	R	T	Q
U	N	T	L	Z	Y	P	E	W	O	B	N	I	A	R
X	B	P	H	B	O	L	I	N	M	H	U	I	F	I
H	U	M	M	G	L	S	R	E	E	H	C	L	Q	P
S	S	R	L	E	I	Q	H	K	I	S	S	E	S	K
B	O	O	C	A	T	L	Q	M	K	S	N	M	C	U
B	W	X	G	N	I	D	N	A	T	S	T	U	O	P
A	E	X	C	G	U	L	H	U	O	M	Y	K	L	N
W	O	U	T	H	A	W	K	V	S	J	A	M	K	F
K	V	B	S	D	N	E	K	E	E	W	O	D	J	Q
X	G	A	N	F	J	R	E	M	J	X	P	Y	E	E
J	S	B	U	T	T	E	R	F	L	I	E	S	F	F

- ☐ Excellent
- ☐ Laughs
- ☐ Joy
- ☐ Rainbow
- ☐ Outstanding
- ☐ Butterflies

- ☐ Sunlight
- ☐ Kisses
- ☐ Weekends
- ☐ Cake
- ☐ Cheers

Tranquility

```
X H V E G L F D Y W E C A E P
L T E M K V Q T Z E O E O H S
U O M C V U I V C P U C G O S
Y Q A F U N O I F B X W L C I
M L T Z E S K D M A Y I Q O D
M Q C R K Z F O I T T T H U T
O S E U V W L R I U L X E N L
M S O A O P X D D Y Q W R T G
W R Q Z A R I E N F E I U E E
N K K F H C E O M T I G S N X
R J X F A R M P O C S D O A R
B U A L D R X A O M E P P N G
R H P Y A C Y T T S X W M C A
B N C H B H P Q K F E W O E E
P F F G F I G Z I K L D C F L
```

☐ Placidity
☐ Harmony
☐ Serenity
☐ Composure
☐ Calm

☐ Peace
☐ Solitude
☐ Reposed
☐ Aplomb
☐ Countenance

Scenery

```
E U W F A B P J J N P E V P S
I W X N R S U O R D N O W R Q
U H D B L O O M I N G Z H W F
T L D S U O I R O L G T D Y W
F Y J Y L A E D I V L K U M J
L L Y X F X T Z D V N V Y G W
O N I Y N E J X M K H L Q L W
U E E N C H A N T I N G A I K
R V N G V E Z E K C A M P S R
I A I Q G B B K I Q I S I F K
S E T P N P Z M P G Y R Q Y X
H H S P Z S E C K Q B T L W E
I B I J K N U I M K G S V A I
N O R F Y P A N O R A M I C W
G R P I A V M Y M K C L J I F
```

- ☐ Blooming
- ☐ Brisk
- ☐ Enchanting
- ☐ Flourishing
- ☐ Glorious
- ☐ Ideal
- ☐ Heavenly
- ☐ Panoramic
- ☐ Pristine
- ☐ Wondrous

Peace

```
R H I Q Q T U Q T Y F K Z B L
A V E F M U K R W E T X X K E
D Y Z V S B U H E E S O P E R
E T P I F C W L P E C U R T P
T A M A E D O K S O N A W U S
A V M R C H O E M Y V J V Y Q
I C D I E I A V Q L D O M M C
L I Q H C M F R E G N J R X G
I N S I V A C I M B I B B N G
C E B K N R B E S O O U W L E
N R P V L Q S L Y M N H D A T
O I C N V X H X E D J Y W N U
C E T A C A L P I D H M M H U
G B V T W V I W K O J Z P W L
G O Z V R A X O S U Q X W O I
```

- ☐ Pacifism
- ☐ Harmony
- ☐ Negotiate
- ☐ Irenic
- ☐ Repose

- ☐ Dove
- ☐ Placate
- ☐ Conciliate
- ☐ Amicable
- ☐ Truce

Ways to Achieve Mindfulness

```
K K Q Z A A C V R W R G W X S
C L I O C L E A N L I N E S S
G A D P J O X N C S W I Z L S
N W E H M X P N E X I H V K E
I U I A V Y F O C U S T F Y N
R X L P Y Z U O T X T A T P E
E K O W K X D G X D J E L Q V
T D R P B H O X G U N R E W I
T J O U R N A L E Y W B U M G
U E N O I T A T I D E M K H R
L N X S R V L P Z J T Q O P O
C M A E C N A T P E C C A K F
E J S C V Q Q Z D D B M P E Z
D P O S E N S U O U S N E S S
M E X N O I T A V R E S B O Z
```

- ☐ Acceptance
- ☐ Breathing
- ☐ Meditation
- ☐ Sensuousness
- ☐ Focus
- ☐ Forgiveness
- ☐ Cleanliness
- ☐ Decluttering
- ☐ Journal
- ☐ Walk
- ☐ Observation

Inner Peace

```
O G T G R A T E F U L N E S S V
L K N Q E X T E G R O F D Z E W
K J E M W Z C J J L S S Y X V U
Q F M M S Y O K T Q L O V E L T
B Z E F L F C C U Y N U Y L R N
M O G J W D K X X F A J D Q K E
R T A J Q N O I T A T I D E M M
X K N L W K Z B E I L A R Y Z T
E O A P T M U O E Y Y U I V V N
X R M D E G U V M R C M G I H E
E Z S O K E W F T K U F J I D T
R Y S I O A L F G B Z T X X N N
C F E V B H U S S J D J A D K O
I Y R B N C D Y C S V E U N P C
S G T S P R Q F J F V K A L Z S
E Z S W J A C C E P T A N C E I
```

- ☐ Love
- ☐ Gratefulness
- ☐ Stress Management
- ☐ Exercise
- ☐ Sleep
- ☐ Nature
- ☐ Meditation
- ☐ Contentment
- ☐ Acceptance
- ☐ Forget

Cleanliness around the House

```
H C K S D O P O J O S O C K S
X W M V P P F T Z C Y V D G S
T W L F C W T X U J U N T O O
Y A A C Y P S L P W B E F R J
S M U R J M V F O A L A G G G
C S N C T V R E T I E S Y F M
Q N D Y S X C H O V P H C V R
N E R Y N N R T A Z R O M C E
O H Y Z G O B W N C R E Q R V
C C W R O E O R L C R S H A A
T T T M R R B B O L X I C Y D
T I M B C R P A T K U U S U K
Y K H I N X I S D O U Z J M O
H I M D W F F T A M A U V K N
N H V O H U Q M S L Q I T B E
```

- ☐ Shoes
- ☐ Socks
- ☐ Vacuum
- ☐ Bathroom
- ☐ Toilet

- ☐ Kitchen
- ☐ Microwave
- ☐ Sofa
- ☐ Laundry

Lifestyle

```
L C E W T M M U O K O S L V E M
M O D E E R F L A I C N A N I F
S T O I K D Y J S F L D C C P D
D H J N M O M F H A A X W J Y I
E Y H A L Q F T D M B A N V W S
C F T S H I P E O X Z W F L P C
L R J I Z T N N Q F O C U S L I
U B U E S L L E S Y V Y G L E P
T O L A E A F A B Z V O Y U X L
T B A V T F N A E U H U K D L I
E J A I V T L O Q H S R S Z S N
R R G A N C Z K X K H I A I K E
T I N C H N E O F A Q H N D R E
D J M I N I M A L I S M Y E V T
F E J Z A A Z W L C A N N R S A
I N I G G L Y T I L A G U R F S
```

- ☐ Financial Freedom
- ☐ Digital Nomad
- ☐ Online Business
- ☐ Travel
- ☐ Discipline
- ☐ Focus
- ☐ Declutter
- ☐ Minimalism
- ☐ Frugality
- ☐ Health

Mindfulness Apps

```
O D T L J X A F M L M C L Y G U
I H E T B T G X R E S G Z I J V
D I H Y I R I B U D D H I F Y J
U J H C O B U B K D A U D H G K
T F E A D A A A R L E V D C Z K
S B A W S J K H N E C W Q A R M
N K C L Y K P A E Z A E M W C X
O P A T S B G U B L N T U C E H
I Y L T N R M I G V P S H B H G
T A M E N V X I B N Y M Y E T S
A H J D J B L X A N I M I A E S
T E H T A E R B I P P K U S E C
I Z B W L O B P N V C T A I R X
D N V E R W L F B Q D M R W B O
E L X F O H E A D S P A C E F Y
M L J H G M T Z N Z I B R R M Z
```

- ☐ Breethe
- ☐ Headspace
- ☐ Calm
- ☐ Buddhify
- ☐ iBreathe
- ☐ Simple Habit
- ☐ Waking Up
- ☐ Oak
- ☐ Meditation Studio
- ☐ Breathe+

Travel Destinations 1

R	S	K	A	D	U	H	Y	W	D	D	E	I	L	C
C	A	G	R	A	Z	L	N	T	X	R	V	D	W	D
S	E	R	F	Y	O	F	V	Z	X	S	G	L	H	D
A	W	L	S	K	B	S	X	W	W	U	V	B	T	N
L	T	X	A	X	M	W	H	X	N	I	M	T	R	W
S	P	T	N	M	L	F	L	V	K	S	Z	A	E	O
G	P	L	Z	E	I	E	Y	W	I	B	G	O	P	T
Q	S	W	L	L	A	M	S	C	R	Z	U	G	G	E
X	N	J	D	B	B	O	Y	X	P	F	G	I	Q	P
T	G	B	S	O	U	R	D	E	X	Q	A	P	O	A
H	R	V	N	U	D	F	N	H	L	Y	A	P	H	C
D	C	U	Z	R	J	T	E	C	H	R	D	I	M	X
A	Q	M	R	N	Y	U	Y	W	I	P	D	B	V	D
J	R	N	U	E	D	M	Z	S	C	Y	W	T	W	C
T	H	J	X	V	H	N	M	X	A	U	M	F	J	U

- ☐ Sydney
- ☐ Rome
- ☐ Paris
- ☐ Agra
- ☐ Male
- ☐ Cape Town
- ☐ Dubai
- ☐ Melbourne
- ☐ Perth
- ☐ Goa

Travel Destinations 2

```
Z W X D R X J M L W H Y L G O
N I W V N P L A H Q L M U C F
O G S Q E V A M A F K B B F G
W A T D W V J K U Y N E I P W
B A L I O C T N C Z M T X C G
A E V K R J K B K H R E N U G
N J M P L D J L L T N C W M J
K Q B P E A S K A L O B A T N
A Z X D A R X F N R A R O I X
R L Y N N O N V D N R K L K R
A X T Z S Q J S G A Y R R E K
G F Z C T M T K K O E G S I H
S O D T A E O E D B V E R H C
G I S H Q K S S C T P I Z L F
A N X J I H I K A T H E N S E
```

- ☐ Berlin
- ☐ Bangkok
- ☐ Auckland
- ☐ Tokyo
- ☐ Ankara
- ☐ Athens
- ☐ Bali
- ☐ New Orleans
- ☐ Kerry
- ☐ Marrakesh

Travel Destinations 3

```
O O W L V M B J Q I K B K Y U
R G L Y O X A Z L S W G K E R
I M Z K I S X D W O I S O I Q
E A P X J C A T R T N X S I X
N Q X S N R L N E E F D N P S
A H O N G K O N G B T I O O S
J I X L O S F L E E R S D N N
E C R J T S X V S O L A M G L
D P H Y B B C M T S B E D A I
O G B U L P M N I R L A S O F
I D M M K Q A U A I K N N B A
R O T S Z S Y B E C G L Z D C
R S I N G A P O R E M K Q T F
L I R A K R A R T E P G X Y B
A G G W O C S O M E D R Y H O
```

- ☐ Los Angeles
- ☐ Santorini
- ☐ Moscow
- ☐ Singapore
- ☐ London
- ☐ Rio De Janeiro
- ☐ Petra
- ☐ Hong Kong
- ☐ Barbados
- ☐ Amsterdam

Travel Destinations 4

```
H G R U B N I D E K R A O K W
L E B M J A A Z W L C J U K C
R B J R P G R M D I M R K Y T
L E Y C U H Z O M I O H L I P
W F V W P P K U B H N K V A E
Y C G U L C I L W A O M K N W
S E M T O O A A A L R K B A S
R B E R S C T B J X Q O F V M
O N D F X A N A N Y V P B A P
Z E E W J X O A K R E B N H S
Q W L G H O U C V I Z P Z V V
O Y L F R R P J D F A F J N W
H O I Z G X Z U X L L W I Q T
B R N R T G X P H W O R E U H
X K D U B R O V N I K G X X Z
```

- ☐ Bora Bora
- ☐ Gold Coast
- ☐ New York
- ☐ Dubrovnik
- ☐ Edinburgh
- ☐ Jaipur
- ☐ Waikato
- ☐ Havana
- ☐ Vancouver
- ☐ Medellin

Travel Destinations 5

```
Y T I C H N I M I H C O H Y N
H W B W V U U O H T O L C P Y
U S A L Z B U R G M Z O L Z I
A S Y R F C K R J U V A O U X
F M O W G G O X N H R P N H K
R P I X U N N L F S X O D Z Z
I K P L Z T R A B O H A O S Z
Q M I A M I D Q H R U S N H Q
A B U D A P E S T Z H I N X W
R Z Z L X X S L B U W X W X U
V D H D C O P E N H A G E N F
C U B Z Y B R I S B A N E L M
F V X L I X G T K I S E P T V
X Z K C M Y A Z N V C D I W I
F P D I E U E R R I K N I E O
```

- ☐ Lima
- ☐ Sao Paolo
- ☐ Ho Chi Minh City
- ☐ Hobart
- ☐ Miami

- ☐ London
- ☐ Salzburg
- ☐ Budapest
- ☐ Copenhagen
- ☐ Brisbane

Travel Destinations 6

```
W K L G D X E O C M Z Q C C B
M E C Q Q R Q Z L R M X C T D
A N C M A L L O R C A E R U Z
R T T D K A R I E D A M R N U
R E A O L M Y S Q S F Q I C Z
A N L H A D A L I S B O N A I
K E L P N B V D G A Z O N N K
E R I A O A C Z R T K B Q Q N
S I N D L O N E R I Q M Y E I
H F N X E M B O Q F D V L N S
P E H I C W U R G S Z H Y Z L
B R B B R J T Z C N A V U L E
Q Q I I A Y L B N E D H D P H
K G R Z B K V T W N H Q S Q P
P P Z A G U P D G P J M G C K
```

- ☐ Madrid
- ☐ Barcelona
- ☐ Tallinn
- ☐ Helsinki
- ☐ Marrakesh

- ☐ Lisbon
- ☐ Madeira
- ☐ Mallorca
- ☐ Ibiza
- ☐ Tenerife

Travel Destinations 7

```
J S F Z V W K N E G V X V G V
L Z L E O S W W L F L X R H X
H A O M D C G Z S Y R F R J R
S C R E Y K A O O L X M D E D
Q I E T V D D N K Z K F T J Z
H S N Z K E K Q O B S G A O Z
T R C H S V N S E M P N D C P
B O E Y L O L I F Z C I I C J
S C Y N E N L O C G X S W X W
U U B F S T K D Y E A D A R Y
P Y F T P E D I N B U R G H X
U A F Q M M A R S E I L L E K
D A K Q T C O R N W A L L D W
O J H F R O S V J H Z D P B A
N C H W G C O P E N H A G E N
```

- ☐ Monaco
- ☐ Metz
- ☐ Marseille
- ☐ Corsica
- ☐ Cornwall
- ☐ Devon
- ☐ Edinburgh
- ☐ Florence
- ☐ Venice
- ☐ Copenhagen

Travel Destinations 8

```
A M S T E R D A M K V O A N S
D L W V T C I M A Q X I N T C
D R X C I T I L P S D Q L W V
A V X D N E L A D S T T O C S
D A D I A L Q P H O E N I X Z
H A O H L K U C C M A H U Y Q
M F F V I N P B O A F G H L U
V L S A M Q X L N R H A I A I
E U D R J C F D P A S E I C M
P D U B R O V N I K T F P C J
Y O A Q I S B Q T N N S C U O
W L L B Q D K H S A B L I Q K
I X N I P O R G E N E T N O M
L E R T I F D R D Q J J Q T G
N I F G P W O I U U D B L K U
```

- ☐ Amsterdam
- ☐ Milan
- ☐ Istanbul
- ☐ Ankara
- ☐ Phoenix

- ☐ Scottsdale
- ☐ Hvar
- ☐ Split
- ☐ Dubrovnik
- ☐ Montenegro

Travel Destinations 9

```
W M R U P M U L A L A U K I T
A D R O Y S K U X Z Q Z B O J
M X R B T K T Q A E K N W N J
F C P M D T H V S I R M Q A G
E L L O G C T Z Y N U C R H E
O B A L X O O T Y R N S H R N
W I C O F P U Y D N Y P O X A
U A J C K E H N C N S L Z I R
I M R Y U E A U I D A C U B T
K G Q E G V R N Q G M W G L N
A N N O I A A A N U T F I H W
N A I R G Q L A J P O V H U Z
D I T Q B P B L A F Z C P C C
Y H R L U E W H E H J C A K W
F C Q P G X F Q M E A Z H A W
```

- ☐ Ooty
- ☐ Trivandrum
- ☐ Bangalore
- ☐ Colombo
- ☐ Kandy
- ☐ Galle
- ☐ Chiang Mai
- ☐ Phu Quoc
- ☐ Hanoi
- ☐ Kuala Lumpur

Travel Destinations 10

```
K I C A N C U N V P Z J G S B
V I R Y Y L J L R P O B T S H
G T T B E W N S W A S U P A U
W N R O T N O R O T B E R S V
Y W L G Q U C K B B W C J Z F
C O F W W H C O V P R C J F N
B T X A R J N O L A L I Z S I
R E L H E D U A Z O F F U I P
U P U Q V V O H P N G O B N Q
S A A P U D A P Z O R N O G V
S C A I O U H Y B G L R E A T
E Q H Y C R P N U N I I A P Z
L O W G N B A E O A M F H O C
S J O F A A O E C R X R G R H
N O A A V N M D Z Y H M U E U
```

- ☐ Singapore
- ☐ Toronto
- ☐ Vancouver
- ☐ Cancun
- ☐ Cairo
- ☐ Durban
- ☐ Cape Town
- ☐ Napoli
- ☐ Brussels
- ☐ Cologne

Meditation

```
T W J P L T S U C O F O O E C
G R D M I L F Y P Q R F N N V
L W A J X D M E A E D H Q E W
S S D N L O V I N G D Q O Z K
R S C L S R F O E J F S V W B
T E G R G C H E N M P G E T M
Q N A I E T E M R I J H U O V
K D R T R L L N R O T R V H Z
V N T I E U A I D S D E X I Y
V I N Q L Q T X E E M G I L O
A K A U I U B R A E N N T X Z
E L M C A D C L N T F T G J F
U A C L C Z J T Y R I R A F C
Y R S I T L O A R L R O V L G
V I S U A L I Z A T I O N G X
```

- ☐ Spiritual
- ☐ Focus
- ☐ Movement
- ☐ Mantra
- ☐ Transcendental
- ☐ Relaxation
- ☐ Loving
- ☐ Kindness
- ☐ Visualization
- ☐ Zen
- ☐ Rest

US Small Towns 1

```
A V A U B L D Y Q N H O F U A
M Y A M E P A C A E D C B F S
Y H P D J D K G Q Z V L I L W
Y Q J T G H D W H H R K D U S
G P O H B U B M V N B J T D S
A S U M E D I R U L L E T M Z
T F H C R G E T T Y S B U R G
L P S U B A R H A R B O U R V
I L E B I N A S U O O W J K V
N F S A N V I B E A U F O R T
B Y Y U G G H B L G D P X Y N
U W O C V G A N U G A L S B W
R L Z W N O C A X S T O W E R
G R G A F R A Y O T G P E E D
H K E N N E B U N K P O R T A
```

- ☐ Bar Harbour
- ☐ Telluride
- ☐ Gatlinburg
- ☐ Stowe
- ☐ Beaufort
- ☐ Laguna
- ☐ Kennebunkport
- ☐ Gettysburg
- ☐ Sanibel
- ☐ Cape May

US Small Towns 2

```
B V O O Z F D G F S T F T S X
R O C J S M Y I X P N R O U M
E A R I A R F D V C T A O B N
C M Q T P C P P L A T Y W E B
K O D F Z M K T I N N D F D C
E N L G O X C S R N S D C E E
N O S J D Y S D O O X L K Z O
R S Q Q Q A Z T O N D W V V H
I M S A V E A Z I B H N S H A
D P G R W V O A M E J O X U T
G F L A N O D E S A X A L R E
E E C V Z H R Q F C G Y N E K
M O N T E R E Y C H Y W U X A
M O A B J J A V J F A B T W L
C T D W I L L I A M S B U R G
```

- ☐ Jackson Hole
- ☐ Lake Tahoe
- ☐ Sedona
- ☐ Moab
- ☐ Monterey
- ☐ Cannon Beach
- ☐ Breckenridge
- ☐ Sonoma
- ☐ Williamsburg
- ☐ Taos

US Small Towns 3

```
C M J E R P D E S T I N D B C
H M Z T O J S U I I J L L R H
A V K T C S E N O O H B Q A Q
R M T E K W L Q V T O L R N C
L Q W Y F L P J I I T O I S H
O V G A O T A C C L S U Y O I
T Z D F R E N O P A P W I N N
T I E A D K K L E S R W W P G
E J D L V C Y S Z U I E I T H
S V S F A U K A W A N M D N R
V X J Y C T N U Y S G P T G W
I Q H D J N B Y L L S J V Y F
L R A S D A Q M L H P N L L R
L Q C O Y N W D N C H B W A S
E J A G H A L F M O O N B A Y
```

- ☐ Charlottesville
- ☐ Branson
- ☐ Nantucket
- ☐ Hot Springs
- ☐ Lafayette
- ☐ Rockford
- ☐ Sausalito
- ☐ Destin
- ☐ Half Moon Bay
- ☐ Naples

US Small Towns 4

W	P	W	L	T	S	U	N	V	A	L	L	E	Y	V
G	D	C	J	P	A	U	G	U	S	T	I	N	E	U
R	C	O	P	L	J	D	I	L	C	R	K	Y	X	C
U	S	I	L	O	P	A	N	N	A	H	Y	H	X	R
B	H	Z	O	V	F	A	N	V	G	A	U	C	F	U
S	A	L	R	B	J	S	R	Z	Q	F	F	O	W	S
R	N	F	E	V	M	C	U	D	S	G	Z	D	F	G
E	N	H	O	G	U	N	Q	U	I	T	L	Z	E	I
T	A	C	S	N	V	Y	A	V	A	A	T	W	A	B
E	V	N	O	N	U	Y	A	M	E	P	A	C	O	X
P	A	P	U	O	R	V	N	V	L	S	X	B	D	Q
P	S	T	S	S	Y	N	X	J	M	S	E	E	F	B
V	Q	H	O	K	E	Y	W	E	S	T	B	S	F	U
D	Z	X	P	H	I	P	X	G	Z	C	O	W	G	O
D	H	I	L	T	O	N	H	E	A	D	E	F	S	E

- ☐ Savannah
- ☐ Hilton Head
- ☐ Sun Valley
- ☐ Annapolis
- ☐ Key west

- ☐ Petersburg
- ☐ Augustine
- ☐ Big Sur
- ☐ Cape May
- ☐ Ogunquit

US Small Towns 5

```
T E T B M P F H G O W G T J W
P U D Y T O O M D V D W Y S Q
S T U O V K F Y H N E D O P E
N E F P M O N R K I L R F Y W
W L A K E P R T A Z Y E A I O
O L I M R V P L T V I S J H T
T U R Z B M V E U F D T E U S
E R F W U H C B F E Z L S V I
G I I D P W T E G M E U C U J
R D E H L A R A O N Y T J F N
O E L B O X R C W W W C O O G
E F D S C B Z H P Q G M P U G
G J O P U Y I N M B T S X L Z
P G E E E W Y N A H T E B L R
W H I T E F I S H N W C Z U S
```

- ☐ Helen
- ☐ Pfeiffer
- ☐ Myrtle Beach
- ☐ Bethany
- ☐ Telluride

- ☐ Whitefish
- ☐ Taos
- ☐ Stowe
- ☐ Fairfield
- ☐ Georgetown

US Small Towns 6

```
S E L E T A E N A K S U Z L O
D N A L S I L E B I N A S L F
T J D E C O R A H Y B L T U I
I K J R B F X H H A U Z I J H
Z P N W O T S E L Y O D Q Q F
R E V I R D O O H G L U X F G
E O H H O L L Y S P R I N G S
X T Y S B X X C S G Z G A O T
N Q N Y I E U X J I E Z Q B B
G E C Z Y F N Z A Y T F Q S K
T Y P I X R E N C F S K B Y I
U P R S B K G T T Z S N A Y Q
S H Z Y A G X N I E D E E B N
D Q W J M S R E R H P B N H L
B N O T G N I X E L W D H G Z
```

- ☐ Sitka
- ☐ Doylestown
- ☐ Hood River
- ☐ Whitefish
- ☐ Decorah
- ☐ Holly Springs
- ☐ Sanibel Island
- ☐ Aspen
- ☐ Skaneateles
- ☐ Lexington

US Small Towns 7

```
V E H N H G V D V S A Z J C J
I H M T P O H M A H T A H C Q
E A O C E T T H E I X Y D D L
E I A R W D T J V S E E A K G
B P B U M I A P F A Z H S T R
S W W G D T F R E L L T K S G
I A C E O J O N I O O E B Z E
B C R Z Z C Y T N W U X A N O
J E A C K C T E D O R U R O B
M E F P T L G K C R Y T H R N
V U O H E A F N D S G A A D L
K R K T D Y N G H B A W R A B
T A O Y G Y B S I R L B B H P
T N H E V X Y N T T N D O C U
W C B T E F J O K G D H R V U
```

- ☐ Dahlonega
- ☐ Rockport
- ☐ Essex
- ☐ Meredith
- ☐ Chatham

- ☐ Littleton
- ☐ Chadron
- ☐ Moab
- ☐ Bar Harbor
- ☐ Bisbee

US Small Towns 8

```
Q T O H W L W B S P H B S O N
M Y S T I C C Q C Z X X O D A
O X O W I H A N O W K V M P J
G I J L W G M E A W W E U U P
E H L R E M D K R K I X M N S
M O S Q E N E Q I L Q T U A T
A E X Z P S N N Z L C X O L O
W G M M R M K N X W J C X A W
Q A K S O F N S R P M U E S E
B L Y A H E T J C P P M R K Q
F Q A A T O G V K G W S M A Q
K R R K M O E V E I V E N E G
J B U D I H B X X E K Y S H B
R B L S J A O L A F F U B E R
G Y B E A U F O R T D R I E D
```

- ☐ Camden
- ☐ Luray
- ☐ Jim Thorpe
- ☐ Buffalo
- ☐ Unalaska

- ☐ Stowe
- ☐ Genevieve
- ☐ Wamego
- ☐ Mystic
- ☐ Beaufort

US Small Towns 9

```
O J B C T K W R D B B L T Y O
L G R O B S D N I L S H I Z Z
M L E U W T A T I K T C Y U A
P A V Y G A W V P C K H E S Q
V K H Y V V I Q B T H E L J S
N B C R U A E U M R M S L F H
D B F H E J L V H T J T O Z Z
E O U B X P A V M J Z E W Z K
A N E L A G H A K B P R S S V
P R O V I N C E T O W N P T O
Z J D O M E L E W E S N R D H
S G N I R P S G N I P P I R D
Y A M E P A C U U A T G N C T
D K E S N D J S R M W E G F N
Q H Q Y A O B N B F K Q S Q Q
```

- ☐ Haleiwa
- ☐ Dripping Springs
- ☐ Yellow Springs
- ☐ Cape May
- ☐ Perham
- ☐ Lindsborg
- ☐ Chester
- ☐ Galena
- ☐ Provincetown
- ☐ Lewes

US Small Towns 10

```
M E T J O B I G S K Y K D R W
I P H D O X B C K G C A K F M
N X F C X N R Y K O E P T D Y
E E S U A L C A T N A S C B D
R E S R E C O S E K G D W H Q
A N K A U O D C F Q H F V W D
L A I A L O C I H C A L A P A
P W D R O V X P D E Q H G E Q
O E U W Q M N A P Q P U M P K
I S E N E D S C P T I H Z E E
N A O H L E T U L S Q M N P T
T T S O N X I D M F P I Y A C
F M F L Y A N O T N I L C N H
T C C X E D I R U L L E T A U
V O K Z D X R B B S J P U H M
```

- ☐ Woodstock
- ☐ Ketchum
- ☐ Clinton
- ☐ Hanapepe
- ☐ Mineral Point
- ☐ Telluride
- ☐ Apalachicola
- ☐ Santa Claus
- ☐ Sewanee
- ☐ Big Sky

Australia Small Towns

```
N J B A M N O S X D H G H K J
Y A B N O R Y B T R E O T E Y
R U M O E T P Q V C I C R E L
Q Y N K Z N G Q N S J O O A X
A G Z A M L T A L T E G W P W
A B M A Y C R P C R V I H O O
R T R C P E D O B A G D C L K
M T O G P R G J A H L N E L J
L V P S A K I I O A I E E O D
M V E H Q L L M B N Z B B B J
X P C A R L Z Z D M T I A A I
D H W R E M O O R B A E K Y A
J M R U O B R A H S F F O C A
V G S U N S H I N E C O A S T
S M Y Q I X M F L J M S R X R
```

- ☐ Broome
- ☐ Esperance
- ☐ Strahan
- ☐ Yamba
- ☐ Bendigo

- ☐ Beechworth
- ☐ Coffs Harbour
- ☐ Sunshine Coast
- ☐ Byron Bay
- ☐ Apollo Bay

UK Small Towns

```
D Y I S O U T H W O L D O B C
N R W H I T B Y Z H T Q T Z W
Y U L V O V H E K I Y W X P V
I B R B Z O Z U N R M Y L J C
Y S R L F Q Y T U C U L F H A
W E Z H A I A S B I E O U A H
Z T B G W G E T X W M T Z E I
S F R P E V D W E O G F D M G
T A Y L I V T K Q F Q I T W M
C H E T M K A L Y N M O U T H
F S S J H B S L A U G H T E R
L A V E N H A M O U L Q E Y A
D N B B A S I Y W G W T W Y B
T N Q C O G W U H E H W I H X
T T X O S F M S R K Q Y O F O
```

- ☐ Southwold
- ☐ Bakewell
- ☐ Whitby
- ☐ Rye
- ☐ Tintagel
- ☐ Lynmouth
- ☐ Shaftesbury
- ☐ Slaughter
- ☐ St Ives
- ☐ Lavenham

Canada Small Towns

```
L Z P Q P Z X I Y A A L M A E
T T P K Q L A U N K E T Q J C
G H F H N L Z W W T L L Y B V
L W A R C I P G D T O A W M H
Y I N S A H P D D E R Y M N S
T R I T L C C S D L A G Y I I
I L I Q O R O X D E M X R M M
C X P C M U P U P U A V C R A
N F H G F H K T E L H K B E U
O R U P N C H M N C O V N P Q
S Y M O Q A N P E U N F W S S
W D H S B U Q L D M E S Z A B
A T V T W A C U L W B C Q J Z
D V R D Z E M I O X A H U W Z
C P B N N D D Z G A Y L U J C
```

- ☐ Dawson City
- ☐ Mahone Bay
- ☐ Ucluelet
- ☐ Jasper
- ☐ Golden

- ☐ Alma
- ☐ Churchill
- ☐ Elora
- ☐ Squamish
- ☐ Mabou

New Zealand Small Towns

```
U F I E L D I N G Y U I V T Q
R S P K M B R Y A S F B F N K
A X F B J J N D R I D H Y I X
M R G S W B E A U T X M H X V
A V H P G R K M O E F Y C S G
O M C L W A X M K G L L R Y D
F A A L R R B A I W L W O C V
T K F O P U V N A H E C N Y R
R E A W P N P G K Y S G E I A
D W V C J S U A O Q S T L Z G
D A N T N O H W Y G U V G S L
V G D D L Z I H J G R U S N A
F N G U H I Y A Y S D O E M N
H A K U N J G I Q S M X G C F
L M R M K Y H O K I T I K A Y
```

- ☐ Russell
- ☐ Raglan
- ☐ Fielding
- ☐ Mangawhai
- ☐ Mangaweka
- ☐ Akaroa
- ☐ Hokitika
- ☐ Kaikoura
- ☐ Glenorchy
- ☐ Oamaru

Physical Health – Exercise

```
S F V E T U E Y O G A W R T L
U K K J O G G I N G C E A S P
Q U O U Z U F T P L Y I X U J
N R K Y G S A D A Q C E Y W N
H T S T P W P C X H L L X L O
J J X I O I I X I I I L F N V
M Y Y W K M L U C A N I W O I
H W O O T M A O W L G P A M F
P S L R M I T U Q O W T L Q P
F D C O V N E R Z X L I K M W
Q P V W W G S N Z R B C I P M
U R Y I U A T W G D Q A N G J
P A H N L T G E G S J L G N L
L H B G H L P O D G F N H M Y
T V E E T S T B Y D B B G M U
```

- ☐ Walking
- ☐ Cycling
- ☐ Swimming
- ☐ Rowing
- ☐ Yoga

- ☐ Elliptical
- ☐ Pilates
- ☐ Tai Chi
- ☐ Yoga
- ☐ Jogging

Physical Health – Sports

```
G Y R E H C R A Q T L O M W J
Q K H C P E H V E D Q Z B Q G
X K C W U M A K B M B A G S K
J L X C K M U F X V S L I W P
P K L J I K O T C K Y L M C Y
R V Q A T D P N E T S A J B X
N O L H B H O T R E O B X I Q
T N R H F E B A V N C Y V F X
E I Y B P A S F X N C E X W X
H T L N L U L A O I E L Q G N
S E H L H H D Y B S R L S M Y
A K D F O O T B A L L O N V Q
U M C N S M K Z S Z N V Z B O
Q L L A B T E U Q C A R F M T
S S Y T E K C I R C Y U L Q Z
```

☐ Basketball   ☐ Archery
☐ Baseball   ☐ Volleyball
☐ Cricket   ☐ Racquetball
☐ Soccer   ☐ Tennis
☐ Football   ☐ Squash

Physical Health – Nutrition

```
G M Q C Z U T A E M I G N T F
P I S B N S E L B A T E G E V
T N Q R E B I F S K L P A E B
K E Z A C H V S I G W E P V L
Q R W W Z H S G A M S R R X F
B A J G P X E B Y O D W O A L
T L O W S T I U R F M S T O I
O S N S N I M A T I V S E K Q
H L Z X I O Z Z Y V P Z I E S
L D L G Y F A O C B J Y N Q Z
M P S C X Z B A U D S P S T L
Y H P D W G A F D T T V I O B
F W A T E R T N H Z T A M A S
A O S E T A R D Y H O B R A C
F M E N C U M H H Z X H R U Q
```

- ☐ Carbohydrates
- ☐ Fats
- ☐ Proteins
- ☐ Vitamins
- ☐ Minerals

- ☐ Water
- ☐ Fiber
- ☐ Fruits
- ☐ Vegetables
- ☐ Meat

Yoga

```
D A N D A S A N A A K A I I G
Y T S W Q T Q I J H B T M G T
K U A E L A O H E A R M U Q T
G L V D B P O E G B X W D A A
J S N D A A F G A T Z I R Z R
T O Z R O S Q M Y Z V E A E T
Y R P R W J A X T H J F X T N
H Y T G V Y T N T P F D Z S A
E S T Y A M P I A U Q P Z A M
H U F N P S R A H A X C M M D
M T A Y C P F G M N Y X B A J
N R Y V D B X C B K P H T N A
P A A T I N C N R V F O Q F I
F S A S M I H A S S R R O A D
O U B N L U D Z L P P Z A O P
```

- ☐ Mudra
- ☐ Pranayama
- ☐ Tadasana
- ☐ Tapas
- ☐ Sutras

- ☐ Prithvi
- ☐ Namaste
- ☐ Mantra
- ☐ Dandasana
- ☐ Ahimsa

Digital Nomad Lifestyle

```
A M A Z O N F B A R G X W S W
P P I E G N X Z Q U G L T Z S
Q O S G N I H S I L B U P P U
R E L K C L D H Q L T Q L J I
Z B O Z H G W T Y O T H X Y T
F D E B P O T P A L V H S D C
C M O O Q D V X W C R G G N A
R T A B T Z Q U B W X L T F S
V R J T N U O J L C Q C I Q E
T M I N I M A L I S M H R N F
T I D I L W G N I G G O L B T
H I F Q K C P Q Z I E W V B V
F I P A S S I V E I N C O M E
W X G R O W T H H A C K I N G
Z Y P Z E U B B C H I M S F M
```

- ☐ Laptop
- ☐ Minimalism
- ☐ Passive Income
- ☐ Suitcase
- ☐ Wi-Fi
- ☐ Publishing
- ☐ Amazon FBA
- ☐ Blogging
- ☐ SEO
- ☐ Growth Hacking

Outdoor Living

```
V W U J R Z P M Y Y D A H O N
N U M N E K B Y E C G R I L L
A O A J G Y D A L C W H X F O
V U T N R V K B E C I N W A B
R E T D A J Q O C A R W D C A
E Z R Y H X R D T M S P W O B
P Q E N C G V Z R P N J R T F
M C S C R X O K I I O C Y S S
A M S X A E A T C N I W R T J
C K U O L A A R S G H Z I E P
Z Q N I O C H A T O S B M K J
J R B X S H T Y O G U W S N A
Z W T B J B W Y V U C A G A A
E W Y D A L T P E G F Y G L F
D U S H A D E A P P C X E B W
```

- ☐ Campervan
- ☐ Camping
- ☐ Electric Stove
- ☐ Shade
- ☐ Solar Charger
- ☐ Grill
- ☐ Cushions
- ☐ Mattress
- ☐ Blankets
- ☐ Tray

Mountain Living

```
K I O E V H E I Q A W Z W V K
K N A E J W F I R S T A I D J
L A V Q T Q H Z A F V D E P M
H N X S I F O H R F Y Q Q G P
F Q K T Q N T B E A R S F E T
E I Q Q Y Q T P H T G F Q L Z
R V R N W X U Z Z P W W N G W
C U B E W S B S C M O W B N I
P T V Q P N L I V A N B J O I
E Q K V A L H I K G S A A D A
E P Q Z M V A Y I N P O C T S
J G G H W J I C T I M H K F I
J M U D R O O M E K P P E W X
P A Y C A V I R P I W T T Q X
C T J A X U C Z W H K O J H E
```

- ☐ Fireplace
- ☐ Mud room
- ☐ Hiking
- ☐ Jeep
- ☐ Hot Tub
- ☐ Snow
- ☐ Bears
- ☐ Privacy
- ☐ First Aid
- ☐ Jacket

Beach Living

```
D R A U G E F I L H T N S O P
V S T G N T G Q S K T W I R X
K H X N E E L O G Y M F O Q P
C H C Q C K Q G T S H I R T A
S M C J C G N I N N A T W K S
W H N K V I N D A B R Z G Q A
I V Q V F H Q N P D K B D U N
M M R R V P Z H I J H N N B D
M W U K L F L I P F L O P S C
I S O C G U A X Z K L S Y Q A
N D E N I H S N U S J K W L S
G K R N A X O I Q G R I P X T
S K N U R T U L Q B X S T X L
Y Q T O L Q Q U L R E W I I E
U J H H Z H N L N U O G T E N
```

- ☐ Flip Flops
- ☐ Swimming
- ☐ Surfing
- ☐ Sunshine
- ☐ Tanning
- ☐ Sandcastle
- ☐ Lifeguard
- ☐ Rip
- ☐ Trunks
- ☐ T-Shirt

Camping

```
N T R U C K S A C K G X Z Q B
V H W M B C B E F N Y J M O Y
L X B A D U C I I R Y H F P F
G M Q B T N W L H A M M O C K
Y H L N C C D U V P J Q K L C
F A E Z U N A K C O L B N U S
I T O Y I H A N A I E P N J A
D L M K V C R T T C E Y R C S
I R K S E B W B U E K U E L K
I A H E J R J F Q C E R T B G
R K I T T J I H Y C K N N M C
S R K R M N H F V R W W A A L
S V E A A D S G N J S Q L F T
U G L I O P Q E Q O X V Y F H
Y X C L D F R K Q Y B P J D H
```

- ☐ Bonfire
- ☐ Canteen
- ☐ Tent
- ☐ Hammock
- ☐ Hike
- ☐ Kindling
- ☐ Lantern
- ☐ Rucksack
- ☐ Trail
- ☐ Sunblock

Birds in Nature 1

```
Q Y V F S K Y F A S G G P B L
Z E G H E G S B Z X R U X C K
B K B L S S V V B S I X J G E
J R Z M O Y I V Y Y V E V O D
W U C H O F N O P C S X G M T
H T C N G S H Z E A P A J C Q
O G N O D E B X A I A J L A O
S N J E W O R C C G R F E J S
Z F S G B M B Y O Y R Q G F E
U I T I E R Z H C K O Y E Y O
Y Q O P L L M U K W W W Z W S
P E R Q C P G X E A D A H T W
K C K F K I U A G H N R A Y N
Y V A M W E G S E L N P H B P
I V L E C O U Z B E K D J N G
```

- ☐ Crow
- ☐ Peacock
- ☐ Dove
- ☐ Sparrow
- ☐ Goose

- ☐ Stork
- ☐ Pigeon
- ☐ Turkey
- ☐ Hawk
- ☐ Eagle

Birds in Nature 2

```
T N Z S F V R H S C O O H V M
N I X Q W T S W A N V S G V J
D U W B A A B S H I J T N W Z
R G W P M Q L A H M M R S T L
I N H A W L U L I N Z I Q K X
B E K R R N I B O R N C J E E
K P F R N D A C Y W R H U M G
C X R O E I V M B B C N H O U
A J Z T V Y R W X F K A R H L
L H O J A K M A T Y Y M F W R
B M Z W R N Q S U N I B Z Y A
I Q O Z W W S T B R O Y P Y F
F O G N I M A L F Z S Q R D K
X K M E Z O Q Z V J C N O H R
H L Z G N S E A G U L L C R E
```

- ☐ Raven
- ☐ Parrot
- ☐ Flamingo
- ☐ Seagull
- ☐ Ostrich

- ☐ Swallow
- ☐ Blackbird
- ☐ Penguin
- ☐ Robin
- ☐ Swan

Birds in Nature 3

```
Y C P E N P C M D X E J M B F
D I W O O D P E C K E R F Z U
W X N A I S C E W Q C B J N D
C W L S D B E Q L P Z F W A S
L U P Y G W Y V C K X R W L L
S C N G H Y A Z W Q W B Z B N
W D Y P H I S R D J A I F A K
S K R W H K E I S Z R S W T C
Z J Q I B N H D S E B W S R I
X U O C B M S V B O L I S O L
L S E O D E U Q W O E F G S W
V R N P W H R E P W R T C S W
A P J R O R H O W L S S K Z N
Q P S J E K T N H T U L T N A
Q J X I Z T W T I S Z C L G K
```

- ☐ Owl
- ☐ Woodpecker
- ☐ Wren
- ☐ Warblers
- ☐ Swifts

- ☐ Terns
- ☐ Thrushes
- ☐ Albatross
- ☐ Shorebirds

Birds in Nature 4

O	C	H	S	E	H	C	T	A	H	T	U	N	D	V
P	Q	B	K	O	O	K	A	B	U	R	R	A	D	Q
H	S	Y	K	S	G	K	A	P	S	P	D	N	H	L
P	L	O	L	E	Y	K	A	N	W	R	C	P	F	I
T	E	W	A	P	A	R	E	U	I	Z	K	Q	O	A
E	A	T	D	V	R	Z	K	B	Z	I	B	S	T	W
U	C	Y	P	O	J	D	G	I	N	Y	T	Y	Q	D
Z	Z	G	T	P	F	N	T	G	Z	R	N	Q	I	S
I	I	S	L	E	I	F	F	M	I	A	D	C	F	U
P	H	D	K	M	Z	I	K	C	L	C	D	R	I	Q
X	L	H	M	Z	S	W	H	A	K	I	L	C	R	Y
L	L	U	Q	H	A	D	S	N	I	U	G	N	E	P
L	H	H	E	H	M	B	L	U	E	J	A	Y	N	W
U	Q	R	B	F	H	L	X	V	C	C	B	I	X	Y
G	J	C	Y	M	S	P	U	T	K	N	S	Q	R	S

- ☐ Penguins
- ☐ Parrots
- ☐ Kookaburra
- ☐ Ostrich
- ☐ Nuthatches
- ☐ Kingfisher
- ☐ Blue Jay
- ☐ Hummingbird
- ☐ Hawk
- ☐ Gull

Birds in Nature 5

```
B K O T D E K E M I X D F N S
R Z A Q Q R V L O Z L R Q J T
P T G K W O I Z N O C L A F C
R K U A D H V B D X E U D U F
M N I Q M V L U K R P M C E Q
B B E Z Z P C O U C W N N W C
K X Z E C K T T X R A H I O H
U X E S R U L U R M Y L O Q I
B C S H L U B C R T T S B R C
O N E I V H X H I K A W T W K
Q D E N X W I C J Y E F A V A
U K G Y B I H N Z H U Y W C D
O N T M R A J I M U Z W P K E
B Q H N U V W F G L D Q C V E
X Y Q N K Q F N A H U W H O S
```

- ☐ Geese
- ☐ Turkey
- ☐ Finch
- ☐ Falcon
- ☐ Duck

- ☐ Dove
- ☐ Chickadee
- ☐ Blackbird
- ☐ Auk
- ☐ Vulture

Animals in Nature 1

```
T U G A L S W A O N N T V Z I
I E B D Q Q L O L R E G I T G
Z Y C N Y R F O L L G X K Y O
R O P A B H A D Q F I V X Y U
R D Z P D C L E O P A R D Y S
Y I R Q K K E F B G L X O J V
V W I M A Y Y Y B Y J Z W G G
U T J U A J M E K I M K R I A
F C G N E F B K Y Z M T R G A
L Y S O L P F E K S F A Z B Y
B R G I Q I K Z E Q F X I K B
T R W L B N I H E F L Q P Q P
P D P A O K P N E B V K B R V
P B F M N J W L C M R R Q Z V
V J I R I D H L T E N A H P V
```

- ☐ Lion
- ☐ Leopard
- ☐ Tiger
- ☐ Giraffe
- ☐ Bear
- ☐ Zebra
- ☐ Panda
- ☐ Gorilla
- ☐ Monkey
- ☐ Wolf

Animals in Nature 2

```
F H N L C Y H W F Y K L W N U
J I O E H V I X X I A V B Y X
X X N S G P D G T P D S A Y I
P S P O Y A K V H Y E N A S V
R J M O X W Q G O S Z S A Q I
H G F M I S P T C K N H F H V
V O Y V N C W N I J A C K A L
X H S S Z Y S N Z K V K P H S
L A Q Q J D E L E P H A N T R
Q T U R A Q T W C R E E D G D
C M I P G F Y Z R F N V V P S
C W R A U M S W V D I C N P Z
B B R A A A N I L P W K N Y H
K S E I R R O T A G I L L A G
N Z L O P L F Z H H L P W M W
```

- ☐ Deer
- ☐ Moose
- ☐ Alligator
- ☐ Jackal
- ☐ Fox
- ☐ Yak
- ☐ Jaguar
- ☐ Hyena
- ☐ Squirrel
- ☐ Elephant

Animals in Nature 3

```
G O W S U M A T O P O P P I H
J C F N R L P A M Q Z S Y E V
C E L T R U T D F J R S J E D
Y E P A V W H Z N H C X L R P
S S G G N L C V I H Y I L E K
M U U J O F G N X L D S A T A
J O E N E X O N Z O Q S N S N
X M Q Y L C S W C G O Z I M G
H L I V E H J O K D U N K A A
W B G R M R R Q D B K H Z H R
H D O T A C G I T I B B A R O
U S U D H X H S G V S P G R O
I T H G C K F S C L J P P O G
U Y S J U R T U U U W D I F Z
B C N T W W K F M N F Z T G G
```

- ☐ Crocodile
- ☐ Kangaroo
- ☐ Rhinoceros
- ☐ Hippopotamus
- ☐ Rabbit
- ☐ Turtle
- ☐ Mouse
- ☐ Hamster
- ☐ Chameleon
- ☐ Pig

Animals in Nature 4

O	Z	V	N	X	Y	T	O	L	I	A	N	S	P	H
M	U	O	I	W	E	E	Q	O	A	L	F	W	S	H
S	I	Q	H	Q	V	I	K	Z	S	D	I	I	Y	R
H	D	G	P	N	H	C	P	D	D	P	F	A	V	V
V	C	H	L	R	O	L	U	L	I	L	N	L	U	B
F	G	C	O	A	J	A	U	E	I	U	F	L	S	F
K	W	Y	D	B	T	M	H	A	T	S	M	A	E	D
V	W	Y	I	O	Y	G	S	G	H	I	F	U	E	D
K	Z	R	E	H	L	W	W	T	G	Q	Q	I	W	F
F	K	Y	C	I	E	A	T	A	R	W	L	Y	L	J
B	A	G	I	T	O	U	E	J	V	A	G	J	I	E
L	O	Y	S	T	E	R	Q	S	N	N	G	R	E	R
Q	Q	M	E	L	A	H	W	Q	A	T	P	V	G	L
F	S	U	P	O	T	C	O	F	U	Z	U	O	I	Q
N	J	K	V	R	D	Y	C	L	L	T	O	H	P	P

- ☐ Rat
- ☐ Whale
- ☐ Dolphin
- ☐ Seal
- ☐ Octopus

- ☐ Snail
- ☐ Tuna
- ☐ Oyster
- ☐ Clam
- ☐ Sail Fish

Animals in Nature 5

```
X Q K N E I W V A W B L H Z T
V N I E M H I L N R J D S N T
G H F L X U H S I F T A C A R
C Z N C C S A P X J L D O Z E
A D N O C A N A V O Q G R E D
I W A L R U S A B U P V T N D
P I R A N H A A I A I Y U R A
J T L F Z T R J X B L N R C G
K Q U L S D R A U P E A K O Z
O T Q O M E C K B P Y L E W C
O L H S X Q N O F B O T Y X Z
T H V C S U R K F K I L H Z G
I H F Z W N F H A T J T O O Y
P V G T H O R S E F C L M X N
M B Y Y O D B R T E U L O U G
```

- ☐ Piranha
- ☐ Catfish
- ☐ Walrus
- ☐ Cow
- ☐ Goat
- ☐ Turkey
- ☐ Horse
- ☐ Rabbit
- ☐ Python
- ☐ Adder
- ☐ Anaconda

Animals in Nature 6

```
K Y X K D R K O G N I D V W I
D O L P H I N N R Y M K S G B
W J W L D N C D O D O U F D S
N U U H Z A Z N Y J O L X E W
V M H T L Z Q T J Q O V U J N
R C X Y C G G N G T P X A U M
C W C E W W M O A D E W T O A
I C X K F R T C D D I K A Z B
W Z F N M O C U F L X S M F R
K X G O O M S R I T O P C N F
H T J D J C Y D A I D Z A U B
D O R M O U S E Z K A W J G S
U Z I C N X K Z J G J I P H N
K T L K W N U V N D N N E S X
K K A Q Z D R A G O N F I S H
```

- ☐ Dingo
- ☐ Discus
- ☐ Dodo
- ☐ Dog
- ☐ Dolphin

- ☐ Donkey
- ☐ Dormouse
- ☐ Doxiepoo
- ☐ Dragonfish
- ☐ Boa

Animals in Nature 7

N	J	E	Z	E	O	E	G	L	N	J	F	Q	D	R
E	R	D	L	J	D	E	S	J	T	E	D	I	E	E
R	A	L	O	C	S	E	O	J	S	L	P	F	O	V
D	A	L	M	A	T	I	A	N	T	L	J	E	O	A
Y	M	K	E	C	X	D	K	Q	O	Q	C	E	L	E
R	A	P	D	P	H	Z	M	D	C	E	N	Y	V	B
V	H	U	I	W	A	D	O	J	F	I	J	D	P	N
G	N	B	A	N	E	C	E	W	M	M	J	L	O	A
A	T	Z	S	B	U	Q	T	R	Z	F	L	Y	L	I
H	H	Q	X	S	Z	G	E	Q	A	S	G	J	I	S
S	U	R	U	A	S	O	M	S	A	L	E	D	U	A
D	O	M	F	T	N	A	H	P	E	L	E	L	I	R
I	D	O	S	C	P	C	W	L	N	J	P	Z	C	U
R	M	U	H	E	E	S	K	I	M	O	D	O	G	E
E	L	K	V	B	O	O	P	I	K	S	E	P	S	H

- ☐ Diplodocus
- ☐ Dalmatian
- ☐ Elasmosaurus
- ☐ Elephant
- ☐ Elk
- ☐ Ermine
- ☐ Escolar
- ☐ Eskimo Dog
- ☐ Eskipoo
- ☐ Eurasian Beaver

Animals in Nature 8

```
G F L J F J Q M Z K N U J M H
F R E M O Y U P J N M A F R J
M I R G S A Z I P X B R Z E L
M L R S S Z W R M U G B H D Z
M L I W A C L A V E D O I N C
I E U Z N V B G L N K C B A C
Z D Q Y Q A X A T W P T G M T
Q S S R P Z F D K L E S O A P
Z H G X L F E I X Q L E E L A
E A N K M R B R Q H G R A A R
I R I R K O R O J J N O Y S B
I K Y L G G Y L W A E F H I K
F O L B S V X F U I R V X N O
O R F P A O Z Q P J F S W D A
Q O Y F F T B M F N G S J L H
```

- ☐ Florida Gar
- ☐ Flying Squirrel
- ☐ Forest Cobra
- ☐ Fossa
- ☐ Fox

- ☐ Frengle
- ☐ Frilled Shark
- ☐ Frog
- ☐ Bat
- ☐ Salamander

Animals in Nature 9

```
N O R E H Y E R G A Q X A V T
D W J K X M N O G R A Y F O X
R U M E L E S U O M Y E R G E
K R A H S F E E R Y E R G Y I
Z T T I A I U L K D I D R N H
E N A D T A E R G L R T E T U
F B X C X X R K U B B J H X E
V K U T S K K P X A I I P I O
T L G R N L W Z C L A Y O A S
E G O S H A W K O L R P G O J
F B V K H Y C O C I R Q C Q Q
L A E S Y E R G C R L Q B P W
P M J I P M G E Z O I V D Z Z
U Z D H C U M I F G Z P P C A
D N U O H Y E R G P Y Y X U X
```

- ☐ Gopher
- ☐ Gorilla
- ☐ Goshawk
- ☐ Gray Fox
- ☐ Great Dane
- ☐ Grey Heron
- ☐ Grey Mouse Lemur
- ☐ Grey Reef Shark
- ☐ Grey Seal
- ☐ Greyhound

Animals in Nature 10

```
G O A N F T W H D R J A X F U
S S O R E C O N I H R R N B M
W D P U G N W J Y O E A A R L
J N V L K B Z A H H R U I T Q
K A Z M Q L H C L X R G Y V R
I S C B I C K K B C C A B D W
D W C K E S N R R B Z J J U V
Y O M T D B D A E X R Z C P K
N K D S B A V B K R V X O N I
A O B R E J W B N J X S A Z L
I L F T L K B I N X U J M E L
V V A Y V Z Z T L K T F B E D
N W N O V L A K C A J J W L E
V X G M K R R E C Y C A H X E
E S O O G N O M J E A M Y O R
```

- ☐ Jackal
- ☐ Jackdaw
- ☐ Jackrabbit
- ☐ Jaguar
- ☐ Rhinoceros

- ☐ Jerboa
- ☐ Killdeer
- ☐ Koala
- ☐ Lynx
- ☐ Mongoose

Sounds in Nature 1

```
D O V K J P Z R B N F L K J P
C T A U S Z E P C U R I Q I U
H R B V U E J P T V I N T X K
X O E B S R V X P I Y V S C A
M J R D A E I A O W L H O O T
N Q C O N U Z J W R K M A I U
R S R F D U K W G Q C U A R W
H Q T N E O H Q U R Q N C S X
P G I E M X W T L E Y D P Q F
F W K E K P K A B F L L Z W G
N N A G M C L Q R F K T O K A
A V G M Y C I W L E H N S C D
E L P M I A M R O H G P S U D
K R A B I K H E C H K O B H R
O I H Q T Q W Y D Y B J F N L
```

- ☐ Thunder
- ☐ Wind
- ☐ Rustle
- ☐ Crickets
- ☐ Waves
- ☐ Owl Hoot
- ☐ Howl
- ☐ Bark
- ☐ Roar
- ☐ Buzz

Sounds in Nature 2

```
L S B I O G W N O Q X M Q M L
M V B X N Q I D C E S B W C P
V A B X W S O P U X W A C G S
W R E G C U Q D D O Q B W P I
O O D R N C S U I M W B O K N
E G J H T I H P E M Q L G M G
T A L Q J S N S O A P E V R J
N R S C W Z Z R B R L Y M M K
C H I R P I T W U C D V F E B
O O C M M G F I O B Y N Q O S
L E L R E Y R J V G V K I T O
O G X A O H L O R E S B B A C
Z B N H U A N N W W N M B J R
J H Z N H G K W S L R J L L J
N G C D R J H O I X E B L Z U
```

- ☐ Raindrops
- ☐ Stream
- ☐ Burning
- ☐ Babble
- ☐ Chirp
- ☐ Croak
- ☐ Sing
- ☐ Laugh
- ☐ Growl
- ☐ Squeal

Sounds in Nature 3

```
B E G Q T W Z B P N H U E Q F
G M X O U I I W U H E F J A N
L O Z P P J G T S M A X Z S M
H X R I R F P P P U R V S V T
T V I F Z E C R X B T B R E U
X X L S W V T I V I B V M T H
T A C T O N E T N O E Q U W B
P H C L E Z U X A I A J H X Q
Y X C J M Q A T N P T E V S T
J I G N U N C N X Z L B M C R
D S A K U P U R R B P B I F X
L F L Q Y R Y H M E G E N J S
X D L F K L C U F D I Q F X K
J B O Z S M R C Y E W Z C C T
F O P B O U Y J U Y Z M O O W
```

- ☐ Crunch
- ☐ Rumble
- ☐ Hum
- ☐ Patter
- ☐ Flap
- ☐ Heartbeat
- ☐ Meow
- ☐ Purr
- ☐ Gallop
- ☐ Moo

List of Breathing Exercises

```
M Y H K C F W L A M I N D F U L
K W K U F B Q S M B F X K P T W
T T J R T Y C N B Z D P O L K S
A W X W R Y G O Y G U X X B D K
C Q E F A D Z I E R T Y T O A Z
Y V D N T E Z L S K K Z V C E S
X A F F X E C E H H V N R G L B
N K L D U P D N O W R B L X P D
L V I V O L B X A J X A W C M F
K M Q I I L G J M I U R Z C I D
W Q W P X V D E I F T N Z E S I
A L T E R N A T E N O S T R I L
O P I M B Y L L E B C O C O N Q
Z D I A P H R A G M A T I C F F
R U U P K N A D T C H H K P X W
R E S O N A N C E P K N W X X Q
```

- ☐ Simple
- ☐ Pursed Lip
- ☐ Diaphragmatic
- ☐ Mindful
- ☐ Deep
- ☐ Box
- ☐ Alternate Nostril
- ☐ Lion's
- ☐ Belly
- ☐ Resonance

Nature Walk – Things to Look for

A	I	K	I	J	G	S	E	V	I	H	E	E	B	L
X	N	G	Q	Z	N	R	B	V	P	P	M	Y	B	P
T	S	I	S	T	M	O	X	Z	V	D	M	Y	V	Q
W	E	C	M	F	I	L	B	Y	M	O	S	S	G	P
F	C	D	D	A	V	U	U	P	M	P	C	I	I	C
T	T	G	S	D	L	E	R	F	S	U	Z	Q	L	P
H	S	L	Z	R	H	T	V	F	N	R	U	Z	M	U
H	K	E	Q	J	E	N	R	Z	W	B	E	S	V	Q
C	T	A	N	L	I	L	L	A	J	Y	F	V	M	T
L	O	V	S	Y	H	I	T	X	C	B	G	H	I	X
E	T	E	S	Y	S	X	D	N	F	K	Z	M	J	R
D	H	S	U	J	T	J	M	X	A	U	S	X	F	M
T	V	E	U	H	U	C	X	Z	Y	F	A	D	A	M
S	N	L	C	H	N	S	T	S	E	N	D	R	I	B
T	M	G	V	U	P	J	A	X	G	Z	J	R	K	V

- ☐ Animal Tracks
- ☐ Fruit
- ☐ Nuts
- ☐ Moss
- ☐ Leaves
- ☐ Insects
- ☐ Rivers
- ☐ Antlers
- ☐ Beehives
- ☐ Bird Nests

Beach Walk – Things to Look for

```
R  J  V  E  K  H  U  L  W  M  C  S  R  O  I
R  G  U  M  Y  K  D  S  U  W  E  R  Y  V  W
I  T  L  W  M  E  A  Q  W  E  F  V  C  Q  W
H  A  O  S  E  S  U  T  R  N  X  R  A  K  D
B  F  K  W  M  V  E  T  B  Z  A  L  Y  S  B
W  F  A  K  Y  P  M  S  L  J  W  R  A  T  A
M  E  C  O  M  L  T  B  A  R  C  N  I  S  A
S  Q  M  I  A  A  G  P  L  H  D  W  C  G  L
Y  E  L  P  R  T  E  H  H  C  Y  M  Y  D  L
R  A  V  F  J  B  G  N  A  C  G  U  S  R  E
M  P  I  L  B  W  K  S  N  T  F  K  R  O  R
Y  S  Z  L  Y  X  T  M  F  V  D  Y  U  N  B
H  F  E  F  I  L  W  H  E  L  K  Y  H  N  M
O  S  V  B  E  V  D  S  B  U  W  C  B  G  U
H  Y  T  Y  G  K  Z  S  E  A  G  U  L  L  Q
```

- ☐ Crab
- ☐ Star fish
- ☐ Seaweed
- ☐ Limpet
- ☐ Whelk

- ☐ Seagull
- ☐ Pebble
- ☐ Sandcastle
- ☐ Umbrella
- ☐ Palm trees

Body Stretches List

F	H	A	S	I	D	E	L	U	N	G	E	K	U	X
D	G	P	Z	H	I	S	I	D	E	L	U	N	G	E
I	N	O	I	T	A	T	O	R	P	I	H	P	O	X
T	F	O	R	W	A	R	D	L	U	N	G	E	T	S
Z	S	Y	J	Q	Q	R	F	C	E	R	P	R	X	G
S	J	I	T	G	R	K	W	X	B	G	G	O	E	N
I	J	R	W	H	N	B	P	S	D	X	F	X	A	I
D	D	H	C	T	E	R	T	S	T	A	C	E	X	W
E	S	I	D	M	L	K	P	P	P	D	O	L	R	S
T	W	V	Z	D	J	A	Q	L	T	G	R	F	Y	G
R	R	L	U	P	N	C	N	E	A	K	Y	P	I	E
U	P	M	O	P	W	Q	T	I	Q	W	R	I	R	L
N	L	N	O	E	L	H	B	F	P	L	O	H	L	G
K	B	A	E	E	J	M	G	W	T	S	Z	X	U	K
P	B	A	C	K	E	X	T	E	N	S	I	O	N	N

- ☐ Spinal Twist
- ☐ Cat stretch
- ☐ Side Trunk
- ☐ Forward Lunge
- ☐ Side Lunge

- ☐ Back Extension
- ☐ Side Lunge
- ☐ Hip Flexor
- ☐ Hip Rotation
- ☐ Leg Swings

Mindful Spices List

A	J	O	H	F	A	E	L	M	U	G	Q	W	A	O
D	P	A	P	R	I	K	A	U	L	T	J	G	I	P
E	S	D	D	E	R	X	Y	R	M	F	D	F	C	Y
L	F	H	V	E	C	A	S	D	Z	Q	P	B	A	Z
X	D	R	P	L	T	A	C	E	N	H	N	Q	C	T
F	L	P	D	N	Q	T	R	I	E	U	H	E	A	U
L	E	P	V	U	K	D	M	D	T	W	G	E	A	R
P	R	S	T	K	D	U	C	M	A	I	C	R	I	M
M	W	P	E	T	C	S	E	X	N	M	L	O	P	E
D	M	R	Q	K	Z	G	Z	G	Z	P	O	A	X	R
R	W	S	C	I	A	D	E	O	W	S	N	M	L	I
N	Y	A	E	K	P	R	D	B	D	H	L	O	L	C
D	L	D	Z	J	Z	C	X	X	T	O	H	S	D	N
B	M	T	T	L	A	S	E	K	A	L	K	N	I	P
Q	A	T	N	R	H	X	G	I	K	X	C	P	T	E

- ☐ Turmeric
- ☐ Cardamom
- ☐ Black Cumin
- ☐ Ginger
- ☐ Acacia

- ☐ Nutmeg
- ☐ Pepper
- ☐ Paprika
- ☐ Pink Lake Salt
- ☐ Gum Leaf

Mindfulness Music

```
Y A Q X O G T N O D E S A E L P H C
T X H K R I W F Z Y Y T M P E S O A
J K W T R G G E B D L P Q R G T U N
F A G X Y E W O L N T T Y K K R O Z
R F Z U J F W X C E B K D F O A Y O
W H S R O H D W N Z C N P I N W E N
E P A J I H G W Z Q Z T C M Z B K E
C S S E L T H G I E W A R F F E I T
A Y Q A D J D G K U I J F A N R L T
N J C O P B V B E N Q F R I L R E A
F T D R O E L A A X D I N K V Y N S
L M J T L R C M C E X D H V L S O U
Y K W S E R O H S E R U P G M W E L
Z H X F B L N D X T F R Q W U I M L
P G B Z L S N W C G Y I V P W N O A
E Y P E Z P S C T T D W U Y A G S R
I K M M S K R A M R E T A W H I U I
G O G S N A F O K A N K M O A G L A
```

- ☐ Weightless (Marconi Union)
- ☐ Electra (Airstream)
- ☐ Mellomaniac (DJ Shah – Chill Out Mix)
- ☐ Watermark (Enya)
- ☐ Strawberry Swing (Coldplay)
- ☐ Please Don't Go (Barcelona)
- ☐ Pure Shores (All Saints)
- ☐ Someone Like You (Adele)
- ☐ Canzonetta Sull'aria (Mozart)
- ☐ We Can Fly (Café Del Mar)

Flowers in Nature 1

```
P A M A R Y L L I S D D L E B
Z V Y L E J G A M N W U L Z M
A U B P S H R L A K Y E E C A
L A E A Y G C C T H S S B T N
S I L I U U I H T K I I E K D
T N L D G T S E H H A S U I E
R E F R K U C M I D D U L B V
O G L A F B H I O Y N T B V I
E R O V G A Q L L V A S G P L
M E W U T G X L A L C F I N L
E B E O R H H A U J I W K B A
R M R B G Y B L X K R E I A G
I C R V W X Y V L A F Y P P T
A G P T C F R I A J A E T P C
Q T Y X I T I X K A L K B I I
```

- ☐ African Daisy
- ☐ Alchemilla
- ☐ Alstroemeria
- ☐ Amaryllis
- ☐ Bellflower
- ☐ Bergenia
- ☐ Bluebell
- ☐ Bouvardia
- ☐ Mandevilla
- ☐ Matthiola

Flowers in Nature 2

M	F	P	A	Q	M	I	K	H	K	V	S	Y	L	K
C	D	Q	Q	O	G	Y	W	W	U	G	L	Y	T	J
I	G	L	H	T	Z	Q	H	B	S	I	M	O	B	G
C	H	E	S	O	R	E	G	S	L	T	G	F	A	T
M	P	Y	R	H	N	Y	G	E	A	B	G	R	N	R
O	X	S	E	L	W	P	C	S	O	X	D	J	O	S
O	K	I	W	S	A	A	O	Q	E	E	K	C	M	K
N	F	S	O	U	E	M	F	W	N	Q	K	C	E	E
F	P	P	L	P	I	L	M	I	M	R	N	F	T	U
L	M	O	F	M	I	M	A	U	O	B	Y	A	S	V
O	E	N	Y	E	X	I	X	S	S	O	X	W	N	S
W	H	O	A	B	T	Y	E	X	H	C	I	V	E	M
E	K	C	M	E	C	M	T	R	T	R	A	U	P	T
R	D	E	X	A	A	S	N	C	B	U	M	R	D	W
X	L	M	G	V	N	L	K	Z	H	M	W	M	I	Z

☐ Mayflower

☐ Meconopsis

☐ Mimosa

☐ Moonflower

☐ Muscari

☐ Gardenia

☐ Peace Lily

☐ Penstemon

☐ Rock Rose

☐ Rose

Flowers in Nature 3

X	M	N	H	L	B	N	I	C	O	T	I	A	N	A
I	M	I	V	A	B	E	F	O	N	U	A	I	F	C
Z	D	E	E	L	D	N	J	D	U	I	Y	F	K	I
K	X	R	N	I	E	I	Z	X	X	C	N	N	S	H
W	H	E	O	H	W	R	V	F	C	J	E	U	N	B
O	U	M	L	P	H	E	Q	H	Y	C	S	E	V	P
P	O	B	A	O	Y	N	N	O	K	S	M	Q	J	Z
J	S	E	N	M	O	P	T	U	I	E	F	X	C	L
P	P	R	A	E	Z	L	Y	C	S	Y	F	C	C	H
N	C	G	U	N	Z	F	R	I	Q	Z	L	U	Z	K
E	A	I	N	A	M	A	A	W	W	M	J	P	W	R
P	P	A	V	X	N	X	N	Y	M	P	H	E	A	F
E	Z	Q	U	C	F	V	E	F	P	U	G	M	K	H
T	P	B	W	P	R	N	I	G	E	L	L	A	T	I
A	R	W	V	F	V	I	N	B	X	U	B	P	J	J

- ☐ Narcissus
- ☐ Nemesia
- ☐ Nemophila
- ☐ Nepeta
- ☐ Nerine
- ☐ Nicotiana
- ☐ Nierembergia
- ☐ Nigella
- ☐ Nolana
- ☐ Nymphea

Flowers in Nature 4

```
R Z W Y S I A D E Y E X O B V
V V Y W J Q G G Q W N Q O L X
O Y S T E R P L A N T C E S I
Y P P O P L A T N E I R O M C
O R N A M E N T A L O N I O N
O X B O S T E O S P E R M U M
U R E V E A I R A N O P A S F
P O C K I S M Q C Q P S R I Z
O R I H W M G M M V Q L S G B
V I V I I C F A T U P O X D O
K L H F J D L I A N D G W K B
R O W S F L Q X K Z S E G J B
E J C U I I F D J U U M S B S
B L T C Q U M S Q I O G Q O W
U S S Y L I L L A T N E I R O
```

- ☐ Orchid
- ☐ Oriental Lily
- ☐ Oriental Poppy
- ☐ Ornamental Onion
- ☐ Osteospermum

- ☐ Oyster Plant
- ☐ Ox Eye Daisy
- ☐ Saponaria
- ☐ Scilla
- ☐ Sedum

Flowers in Nature 5

```
V U E R R V K Q Z V G Y O T M
F F Z J E A D P L P K Z T G W
R M W W W I G X Z F H A T D D
V U M T O N U G H G G L M A M
J I H E L O U U P E Z U J T U
X L M A F H F L T M L H R O I
T E G R R T K E Z O T I K A L
A H B O E I S E E I T S G Z L
J C Y S G T I A G E U U I U I
C A Z E I K P E L I G H W P R
Z R U G T O R E L S B F I G T
U T U U R L I L T U L I P J H
M I B T I A O Z J N V K T Z K
O V W L Z R N N U I M Q J G J
U W Y Y T X G O W V I I Y A U
```

- ☐ Tea Rose
- ☐ Tagetes
- ☐ Tiger Flower
- ☐ Tiger Lily
- ☐ Tithonia
- ☐ Trachelium
- ☐ Trillium
- ☐ Triteleia
- ☐ Trollius
- ☐ Tropaeolum
- ☐ Tulip

Trees in Nature 1

```
R E K W G Q M T J G D P A I X
W E G A Y P V A G U Z W H H H
N R B B U Q C Z U M L I S Q O
X T H V R A B V M A I F K Y D
X L O E C E P R A R C U A O I
X A K I N H L R C A M H R B N
U G A Y C C S I A B H A D E D
H E X E A A R K C I I M U M J
G N Z Q T S I L I C D L A E D
U E E U C I R V A T A V F K H
X S C C L U M C L R Q W R O Z
F M C I A H A U X E R H E P K
Z U B M W B Y M H E W C I W T
T G V S C D W I Q S B Y A S L
A I C A C A T E E W S F V I H
```

☐ Acacia
☐ Catclaw
☐ Gum Arabic Trees
☐ Gum Acacia
☐ Gum Senegal Tree

☐ Rfaudraksha
☐ Acacia
☐ Sweet Acacia
☐ Huisache
☐ Pokemeboy

Trees in Nature 2

```
E E R T T N E P R E S Z U X E
C G N O H T P I P S I F E P T
C X Q S W U B F M V U J E P B
B Y R R E B A N I H C T F B A
W J F R J K S W A M P B A Y Y
H E E R T L L O D A N I H C T
N X V W Q C K L U O W N G N R
H D H R A V O C A D O I E S E
E N I M S A J E E R T M C F E
T B O W S T O U B A O Z Q M S
S S R N P D O Y T Y E K H K L
V D J U R P E H O C X J P V T
V O X E P X T C E M C F S J T
E E R T D L A R E M E V A Y L
N Q S L N I B G O V Z V L H W
```

- ☐ Avocado
- ☐ Coyo
- ☐ Swampbay
- ☐ Bay Trees
- ☐ China Doll Tree
- ☐ Serpent Tree
- ☐ Emerald Tree
- ☐ Pip Thong
- ☐ Tree Jasmine
- ☐ Chinaberry

Trees in Nature 3

```
I X D T Y E L W V T C T P F H
R X X A H W A N K F P K I O Y
F S S I E B Y W H A G D G I A
B P C O Z V V B K Z H G G M Z
Z O J B G S U L E O O M E U D
A T G U B D Q A E T S A Y J O
X T K L A R U C R W T N G O B
H E I L N Q I K T Q G G F O S
A D I E Y K Z B E O U R B B L
M G A T A T J E E X M O D J H
D U B H N B M A F V E V K S O
F M J K P L Q D F I G E E R X
E I D G A B N E O O B R J I B
J F N P Q P N M C P P A T N E
V V A D K G D O O W D O O L B
```

- ☐ Coffeetree
- ☐ Bloodwood
- ☐ Ghost gum
- ☐ Spotted gum
- ☐ Blackbead
- ☐ Mangrove
- ☐ Banyan
- ☐ Palm
- ☐ Boojum
- ☐ Bullet

Trees in Nature 4

```
R D P E M L Y K J S D O S Z N M
C O L Y I Z B B N Y Q A P R G V
J O L L A B H L T E D C I I G U
Y W H U B Y W A N N K A N X X D
T E Z W U E D C Q U O C Y B W O
V T X Z L G J K N M N I B U J O
S I Z J L A F O G B Y V L S T W
L H C O E B K L D I O R A H L Y
G W L H T B Z I O L S Z C W X R
V A B S X A W V M Y T F K I S O
N U C F N C A E O Y M B O L H G
N G P K Q I K J A Y C A L L Q E
H I P E H W A H I L E M I O J R
N T Q O P X K U F L A O V W S G
B N I W D W D Y I U F X E L B Q
K A O E B J A Q K B O I N X E M
```

- ☐ Bullet
- ☐ Black Olive
- ☐ Gregory Wood
- ☐ Antigua Whitewood
- ☐ Spiny Black Olive

- ☐ Bushwillow
- ☐ Bully
- ☐ Cabbage
- ☐ Cacao
- ☐ Kakaw

Trees in Nature 5

E	E	F	G	I	R	A	D	E	C	E	T	I	H	W
E	O	W	P	O	E	C	M	J	M	G	R	A	C	J
R	Q	S	C	U	E	X	V	S	M	E	C	F	G	U
T	P	T	C	H	B	F	U	Q	N	C	I	J	Q	C
A	M	X	A	H	I	E	O	O	I	S	G	O	S	A
L	C	U	C	E	B	N	A	V	N	E	Z	O	A	L
L	C	V	A	B	W	C	A	D	P	H	V	K	D	I
E	A	Z	H	V	L	Z	L	B	T	S	P	S	Y	L
R	P	C	U	Z	K	W	M	G	E	R	J	L	R	N
B	E	H	A	I	W	U	O	P	G	R	E	B	E	A
M	L	E	T	V	R	Q	V	L	L	G	R	E	V	I
U	I	B	L	Q	Z	U	M	J	V	L	P	Y	K	D
X	L	A	I	D	N	I	F	O	E	D	I	R	P	N
C	A	L	I	L	N	A	I	S	R	E	P	D	B	I
T	C	W	P	E	C	O	C	O	A	P	L	A	N	T

- ☐ Cacahuatl
- ☐ Cocoa Plant
- ☐ Chinaberry
- ☐ Bead Tree
- ☐ Persian Lilac
- ☐ White Cedar
- ☐ Indian Lilac
- ☐ Cape Lilac
- ☐ Pride of India
- ☐ Umbrella Tree

Insects in Nature 1

```
B J R L M W S K T N A W Z Y V
U T J Y H O G M R O W K L I S
T G P S A W G P X M B F C N H
T Q S Z N F H H R O H O V L U
E L O X D R I R I Q B A Q M F
R H C A O R K C O C Z J Z I P
F F J M E O J I D L S Q R L R
L M E N K E S E L T E E B A M
Y O I X B V B L V L F W D S T
Y X M Q M J G B H L I Y R I J
F S P P Y L I J Y I Z A D F I
X H T O M U S A P X S Z L H O
D N A R O D N H C S G D T W L
T D S P D S U F T O G X G I N
T S O G U B Y D A L T B P R B
```

- ☐ Ant
- ☐ Bee
- ☐ Wasp
- ☐ Firefly
- ☐ Cockroach

- ☐ Beetle
- ☐ Ladybug
- ☐ Butterfly
- ☐ Moth
- ☐ Silkworm

Insects in Nature 2

```
J U W P S F R T U R I G O K V
I Q R X L N K L R Z L H E F Z
Z X A Y B V T V I I S S V C A
U J Q R C A D D I S F L I E S
V B O B C Y L F L E S M A D J
B E P I J H Q W C N K B U G T
A C Z C K Q A U V I M O Y J P
Z I E R N J P E D R T Q K D R
Z L N I T A E V O B G I X X K
V K P C O G C Q C G C Q O F G
L O S K B M I L Z F N P S K T
H O N E P N L I Q U B A K Z C
I B Q T Z D H O M E F B T T V
I B A R K L I C E Y T X H H K
I N B Z W W K L I V E E W U A
```

- ☐ Weevil
- ☐ Caddisflies
- ☐ Fly
- ☐ Archaeognatha
- ☐ Barklice
- ☐ Lice
- ☐ Booklice
- ☐ Bug
- ☐ Cricket
- ☐ Damselfly

Insects in Nature 3

```
R G N I W E C A L L I K H H Z
G F J W R L G I J B N N H T K
E R H Y W P R P I R H T S C E
O Q A E D Y R R L T A O Y E Z
F E L S K T M M H E W P L S S
K G U I S A P Z U W T Q F N C
Z U J U N H Z V P J I E E I O
O B L T A Z O D R U V W K F R
R D I Q O H D P K R L Y A A P
H D C S N O J I P C U L N E I
N G O H K Y G X Y E E F S L O
Q V L R T N O A D X R Y V Q N
A P O Y E O M E F D N A C Z F
W Z R T I C M P M F G M K A L
W P R A Y I N G M A N T I D Y
```

- ☐ Grasshopper
- ☐ Lacewing
- ☐ Leaf insect
- ☐ Mantid
- ☐ Mayfly
- ☐ Moth
- ☐ Praying Mantid
- ☐ Scorpionfly
- ☐ Snakefly
- ☐ Thrip

Insects in Nature 4

```
L C G A E W J C Z X X P B W V
Z V G B O T V P E X M L F T J
H L X Y T W Q T V C K A Z K M
S Q D C R A W Y L Y R N U K C
V W A Q B E Y P Q A R T W Q I
W K Y S P L P Q L E A H Z K Y
Z L Q G S F X L T O H O S D T
W R M Y H C I A T O X P R S U
R O D F O P K I U Q S P N S J
C E I C R S U S D M G E Y N Q
U S S E D Q E Z U X E R M A X
L B T N S F D H M G C Z P I W
Y A O O L T P K A C S Z H L X
C P M Y U Y R E R O B D O O W
R P S F G Z K D O A P U P I S
```

☐ Flea
☐ Mosquito
☐ Planthopper
☐ Pupa
☐ Snail

☐ Caterpillar
☐ Pond skater
☐ Wood-borer
☐ House fly
☐ Nymph

Insects in Nature 5

```
R J J Z L M S U A Z T G F K D
E O S C O R P I O N F L Y G F
F D U I D F A M L W R Z F T Y
A C M O N A R C H A D W L N L
H A Z O Q L D G N A T H H A F
C H J C G Y V U J W A S M E E
K G X J U M I D G E I Y O R S
C O M L B A N F U F W X Y I T
O O O Y E F S Z R Z N R F F E
C Q M X L H Z E X F O D X Z S
A H H S T W V Q O M A G G O T
X P Z W T L Q O D G C H X B N
V F W Z I M I S E W B G X J P
A M I S P F Q D X L O M F N B
W G B A S S A S S I N B U G C
```

- ☐ Silverfish
- ☐ Tsetse fly
- ☐ Maggot
- ☐ Assassin bug
- ☐ Cockchafer

- ☐ Scorpion fly
- ☐ Fire ant
- ☐ Midge
- ☐ Monarch
- ☐ Spittlebug

Items Around the House 1

S	X	S	P	O	O	N	S	C	Y	E	D	H	I	R
G	R	U	V	R	T	E	L	L	I	K	S	B	S	K
U	E	B	U	W	I	Z	Z	A	T	M	F	W	W	N
M	K	Z	Z	B	G	L	B	O	N	E	Y	K	T	I
E	A	D	Y	E	H	Y	D	Z	Y	I	Q	G	Z	F
E	M	S	O	F	R	R	W	U	V	N	E	G	Z	E
F	E	O	F	S	C	E	L	X	J	H	S	M	S	R
F	E	P	D	A	T	L	U	J	I	U	R	S	D	E
O	F	H	X	H	Z	T	U	Y	Q	T	A	A	D	D
C	F	M	B	C	K	U	G	P	M	Q	R	D	X	N
F	O	R	L	Z	A	C	V	P	U	T	M	Q	D	A
K	C	I	C	S	R	F	D	Q	D	C	N	J	X	L
V	H	D	W	E	R	C	S	K	R	O	C	P	S	O
C	U	T	T	I	N	G	B	O	A	R	D	D	F	C
H	F	Y	R	Z	P	Y	J	G	M	P	S	H	U	M

- ☐ Skillet
- ☐ Cup
- ☐ Spoons
- ☐ Cutlery
- ☐ Knife
- ☐ Cutting board
- ☐ Colander
- ☐ Corkscrew
- ☐ Coffee maker
- ☐ Coffee mugs

Items Around the House 2

```
D U S T B I N A A K Q F V P T
X C Q K J X O Y I E T M S H G
W O X Q M L D K M T M G Q C J
E F V T M G F E U T J M B O S
H F H P Z Z T F C L U T L K T
J E K R E F R I G E R A T O R
D E B S G U M E E F F O C R F
W M S E X D I V H R L J V H I
N A C R E T E M O M R E H T P
J K T W B V D R S Z U S P G O
Z E C E Q J N Z N H O X L N E
K R T E E H S G N I K A B H N
H R C C Q H H T A B L E A C Q
Q Y Z T E A S F V L J J G I O
U I U A B F R R A P B C K S Z
```

- ☐ Sheet
- ☐ Coffee maker
- ☐ Coffee mugs
- ☐ Baking sheet
- ☐ Thermometer
- ☐ Table
- ☐ Refrigerator
- ☐ Dustbin
- ☐ Kettle

Items Around the House 3

```
Y O J N C I J Y H J B Z J U G
B V K M Q M Q N B J R O T J T
E I Q I G S I O H O V Y J P B
E V D M U H V C V T W B N O R
R E D N E L B C R X X L O Z E
H I G L Y P H B L O T F S S A
C N N A T L I H C T W V T D D
J L J D J O X F H U U A J N B
D G W L Z D A Z W E M B V H I
Z Y G E H K U S S N Z G S E N
M I A S Z D G T T R Y I I K K
Z Z S L E W O T R E P A P W B
D E U X G Q T P J I R M P S N
X E T S G C A N O P E N E R Z
A S B A K I N G T R A Y L S V
```

- ☐ Toaster
- ☐ Microwave
- ☐ Blender
- ☐ Bread bin
- ☐ Paper towels
- ☐ Baking tray
- ☐ Can opener
- ☐ Jug
- ☐ Ladle
- ☐ Bowls

Items Around the House 4

```
H J J N B L E W O T A E T P K
K Y B P Y H K C G S G K X W C
B Z L P L S E K Q M V Y O A O
O S C R U B B E R A D N Q L N
W V F N K L S D N L B R Z U D
I F E B A R K P B L B E Z T I
P O G N Y P B Z W P L D B A M
I Y U Q G A G L D O S N E P E
N S M E Q L R N D T O A V S N
G C P E L I O I I D R L T M T
C S L C V T W V L Y M O E U S
L Z E I L A K U E E R C A A W
O P W G J S T H U C Q F L S K
T I E V I K N E E O M H Z O C
H P Q F R U I T P E E L E R O
```

- ☐ Frying pan
- ☐ Small pot
- ☐ Colander
- ☐ Spatula
- ☐ Oven glove
- ☐ Tea towel
- ☐ Fruit peeler
- ☐ Condiments
- ☐ Wiping cloth
- ☐ Scrubber

Items Around the House 5

L	X	H	S	U	R	B	G	N	I	P	E	E	W	S
U	D	T	I	K	R	P	F	D	M	U	D	A	C	Q
V	U	N	Q	D	X	S	P	O	N	G	E	D	K	G
A	D	A	W	S	Q	N	X	P	F	V	J	M	B	A
C	A	T	Y	S	R	B	J	K	S	V	R	C	O	D
U	N	C	I	S	U	N	D	H	M	M	T	C	N	P
U	O	E	L	Y	T	C	G	P	Y	H	S	U	R	B
M	H	F	K	J	B	N	L	W	B	D	A	C	R	D
C	C	N	Q	H	X	T	E	W	G	F	O	O	O	U
L	B	I	L	I	B	F	B	G	K	Y	D	U	B	S
E	E	S	K	X	X	Z	Y	Z	R	I	P	C	D	T
A	E	I	T	I	H	P	I	I	Y	E	Q	H	R	P
N	T	D	T	Z	Z	A	S	Y	G	A	T	J	R	A
E	A	L	B	U	C	K	E	T	H	Z	V	E	Z	N
R	E	S	I	B	X	I	N	I	Z	M	R	P	D	T

- ☐ Sponge
- ☐ Detergent
- ☐ Disinfectant
- ☐ Sweeping brush
- ☐ Bucket
- ☐ Mop
- ☐ Dustpan
- ☐ Brush
- ☐ Vacuum cleaner
- ☐ Couch

Items Around the House 6

```
H S O F A C U S H I O N F O M
G Z F I Q L T A N H L M Z E A
N S T H W U W C Y Y A B C F E
I S M W I P D B E R G B G M E
G D K R A N O S C N S V A G X
N L F U Z Y O U S E R R L T P
A W R D G J R I V R F M O L R
H S R V U T Y L S O C I B A L
L N D E A H E Z T I N Z O W Q
L W A I U H D O X U V K E T P
A T N X S E H B U O C E N Y D
W S V K L P Z L E Z R O L H T
X G O A B E U G V X E B S E Y
D O M K G E D Y B M G V U U T
B P E L B A T E E F F O C U Q
```

- ☐ Coffee table
- ☐ Curtains
- ☐ Bookshelves
- ☐ Lamp
- ☐ Television
- ☐ Wall hanging
- ☐ Photo frame
- ☐ Sofa cushion

Digital Detox – Remove these Items

K	R	G	R	O	W	X	U	T	N	L	W	S	M	K
T	R	E	K	C	A	R	T	S	S	E	N	T	I	F
C	E	Q	X	V	D	X	Y	X	X	O	W	S	K	C
D	O	L	P	W	F	U	Y	J	I	W	U	P	F	V
E	F	S	E	J	H	G	W	T	I	M	W	A	Y	A
F	Y	Q	C	V	S	G	A	F	I	T	P	H	S	I
N	H	N	V	P	I	C	I	C	Y	O	K	M	K	D
Q	L	O	Z	H	I	S	R	S	T	Q	A	L	U	E
L	U	I	P	F	P	O	I	P	S	R	D	Q	P	M
M	C	C	I	J	W	J	A	O	T	Z	A	X	V	L
E	T	T	U	A	T	L	P	P	N	D	N	N	H	A
B	O	C	V	I	K	P	H	M	H	E	E	G	M	I
N	L	E	I	C	W	O	H	Y	H	E	C	D	Q	C
X	W	G	G	E	N	Y	W	C	G	B	E	A	Y	O
T	Z	E	C	E	W	P	V	E	G	K	R	S	J	S

- ☐ Smartphone
- ☐ Laptop
- ☐ Television
- ☐ Wifi
- ☐ Social Media
- ☐ Fitness Tracker
- ☐ Microwave
- ☐ Notifications

Digital Detox – Add these Items

```
L J B S D R O W S S O R C O D
S X V S T B X C C J H O U C U
N O F M G E R A W K O O C V C
P X Q X K M E T Q O Q R E E O
G W L X D C D T L V B J O F W
D Y P S E N I Z A G A M P B B
K C A P K C A B T V S T O O B
D S Q K R R V H E B R Q R O A
H R A H E W P B W G O A P I Z
O R J J V R E P X W C O Y Q S
J Y K L H R G R U Q X B K D A
L Z E B O O C R M H I T M S B
S K O O B H C R A E S D R O W
O J R B B I X T C S J D Y T Q
Q Y J S R A M P O V I Q X C L
```

- ☐ Books
- ☐ Magazines
- ☐ Backpack
- ☐ Boots
- ☐ Cookware
- ☐ Crosswords
- ☐ Word Search Books

Misspellings 1

```
E Y E J L O O W F V V Y M H U
A K T D Z S F D T L E W P B D
E C C E O P I L W J O O M V X
D O A B B E E O P Y W C W K A
K H R R T C L Y C I M L A V B
C U T O N T D D O Y V A S R A
W L T S O A X S U D L P T G A
Q Z A B V C C V R L J W E N M
K E N A Y U P S A N B N F A R
R J H R L L Q G R D N U T O
N V J G F A Y G E A M I L I F
K G U M Y R W K O V B C E O T
V T L V J M J V U W B N H N A
R Q P L F B Z Y S L Q B G A L
B P J U U Q H A J Z C X K L P
```

- ☐ Vool
- ☐ Ajenda
- ☐ Absorbd
- ☐ Spektacular
- ☐ Feeld
- ☐ Platfurm
- ☐ Kurageous
- ☐ Waysteful
- ☐ Nacionaal
- ☐ Atract

Misspellings 2

```
A B L Z Y T S R I H T J F W D
Y W A E J E L I J N N C X Q U
J Q J H C B T T Q A H A D C W
S W U E G Q I T I E Q U Y R E
A B S E N C E E I A G S L E I
C I P O T M B H Q Y B E L I W
B K U H O M E L A N D K F S M
L B Z X F O O T B A L L L A H
N X O C U L T U R A L U I E P
H T K P O K T K X B R A E H Q
W U Q V Y Z N X S X V H S S Z
K Y N V W I O I N D L R Y R L
B A I K P S X X J S A R L U X
I D S W N J U D Y H U N X D S
X S K O I Q R A Y Z X G R Q G
```

- ☐ Baiyt
- ☐ Harrsh
- ☐ Futball
- ☐ Homelend
- ☐ Easierr

- ☐ Kause
- ☐ Absense
- ☐ Thirste
- ☐ Kultural
- ☐ Topicc

Misspellings 3

```
P E K O R T S T A E H O Y N T
S W Z C P M A T V Z Z D D F N
C U C D N N W H I S T L E E F
C P R W K H E H Y A V Y V N I
R E C N A T S B U S W E U I N
A I M O Z E O H G G I Q H H I
N K W L G Z M A M H R V D T S
B E V C S L E V C V N D Q M H
E N F I U M V A S R E N O L I
R G U S E U U A V T K U U W N
R Q P Q G R Q G A N P G Y C G
Y Z K T P E Z X G G H Y O X B
Q Y X M L E L J G L T G E G M
H G N W F O G A W Z E L M D H
O D T Z S T K A L R I R E O H
```

- ☐ Lonerr
- ☐ Cranbery
- ☐ Legss
- ☐ Acheeve
- ☐ Substanse
- ☐ Finishin
- ☐ Vistle
- ☐ Awesum
- ☐ Smugler
- ☐ Heetstroke

Misspellings 4

```
Q G M Y A W A E D I H B U V G
C B E L L I G E R E N T O T U
R S L N X C E G Q Q I E M V S
F A V G Q Z V Z P M M R T R R
T M H I N D L V E K P H U M D
R Q L L X P A N I E A E O S Q
H K A Q F I V H D T R S T E W
I Y U V A E E H Q W W B Q Z U
J T T O A C N R W H E L E H A
L X I X D E D Q F P A A P A E
F C B P E S E W J U V F M Z B
R S A X B D R V A S O M V D I
V B H Q P G Y S G X I M C P O
W Z Y B E R T D H G D V J H I
R C W T F M H C R A E S Y E G
```

- ☐ Breze
- ☐ Steyw
- ☐ Beligerent
- ☐ Habituel
- ☐ Seerch

- ☐ Peeces
- ☐ Façadee
- ☐ Lavander
- ☐ Hideeway
- ☐ Avoidd

Misspellings 5

```
R  L  R  G  F  Z  K  T  H  N  O  I  L  D  Q
R  G  G  O  R  Q  H  Y  C  A  R  A  M  E  L
M  N  D  L  G  V  P  R  A  G  M  A  T  I  C
I  I  W  D  Y  H  O  N  O  U  R  L  X  B  O
B  L  U  B  I  H  I  Q  I  R  C  H  Y  L  F
X  B  C  R  N  N  S  N  F  W  Y  R  Z  Y  M
X  B  Z  I  G  E  A  I  T  P  V  V  Y  Y  X
L  O  Q  C  P  V  T  H  F  R  H  V  S  G  E
I  G  Y  K  A  A  A  G  T  R  U  A  P  I  Z
Q  G  W  E  I  E  L  M  I  F  A  D  G  Q  A
M  B  D  R  P  H  O  G  U  D  H  T  E  C  M
B  A  N  Q  U  E  T  L  K  L  X  V  S  R  F
V  W  A  X  E  G  S  E  W  J  E  H  Y  Y  Y
E  H  A  H  J  W  I  L  H  W  K  T  H  O  S
V  X  Q  G  H  M  P  R  G  G  B  T  S  T  N
```

- ☐ Heavan
- ☐ Pragmatik
- ☐ Amyulet
- ☐ Banqwet
- ☐ Goldbrickerr

- ☐ Pistoll
- ☐ Intryuder
- ☐ Gobling
- ☐ Karamel
- ☐ Starfissh

Misspellings 6

```
A A N M B L C Y Y D U F U R P
A J D V P N Y H S I F L E S E
D J O U L Z G P T E X Q M U T
G B W Y J S L G J N Y N P F X
J O N Q N J A R Y X Z R A I J
N M F D R K C J H N O S T T M
G B A P P O I O B J I S S C X
I A L Q M B A D E Z Y E B L S
E S L X W V L C G B L N L O N
R T M I S F T R D L G R N X X
O I H S G I T R S P U E S I X
F C S B O A J C R H A D O H T
K S M N B S Y D D S E L A H J
S P P V X M Q N X F J I M Q T
T S Q D N U O P M O C W P U G
```

- ☐ Glaciel
- ☐ Selfiss
- ☐ Downfal
- ☐ Bombastik
- ☐ Projektion

- ☐ Foregn
- ☐ Ugli
- ☐ Wildernes
- ☐ Sixsx
- ☐ Compund

Misspellings 7

```
W O Q F G R M C U M S U I I E
A A P A B U A Q X Y B X D W X
U W C Q D F U Y L I M A F F W
K K B R A Y D Q F D I N B W O
C O N T A M I N A T I O N V I
E N U N I T O E D S A M L B M
Q N D Z O T E M T R Z E E I V
L T O Z M B A R F W E Z I B L
M D L T Y D D Z O G S A R F C
E A M R S C M O W K B V M X S
J R W N B M E X E O H S E E P
P T L L F E I S D M U R E S R
S A R T I S T R V N A O M E C
C H E M J G W S B E O P G E Q
J I N O I T A N I M O D J B W
```

- ☐ Dreamerr
- ☐ Dominaytion
- ☐ Craterr
- ☐ Brimstoone
- ☐ Famili

- ☐ Moaan
- ☐ Serumm
- ☐ Contaminaytion
- ☐ Audioo
- ☐ Artistt

Misspellings 8

```
P B S K Y L I N E B F L F A Z
Q K I N G U Q A L E I V Q L B
W K S R Y S X W A S P U R A S
Q X Q G C B M P I T T B Z I G
Q L Q P A K R G I U O W W T E
P A K W R W A Q A R P F M N G
U N X X C F D Z N X D A U E Z
V O H L O I G M G D E A K D R
T I F I M E R C G V E S O I L
B T H R E R I E R U M Q K F Z
H C F I D I U B M H S T O N E
D N L W J L Q Y G U V V J O M
A U W Y E K N O D W N C S C O
U F L V M E L O D Y G D D R Z
G Z K D F N J W H X D V X U V
```

- ☐ Kingg
- ☐ Confidentyial
- ☐ Demokracy
- ☐ Stoone
- ☐ Skiline

- ☐ Numerik
- ☐ Donkiy
- ☐ Bestt
- ☐ Funktional
- ☐ Melodi

Misspellings 8

```
B F Q V U I V Z L Z Z A H Y O
B N I E X R W P C L M Q G F T
A X I Y Z O E B A L T S N H R
A B Z A N E B Y L Q F M I D J
I N S P T B E K W Z J O V E E
S O I T Y S Y R C A F C E X M
W I I H R K D R F O L P I G U
W S B Y G A P O O S L N R Y T
N O L Z B D C E O T D N G G I
Q R J Y M G M T M L S Z A G L
E R N E C P I T Z C B I S Q A
X O I R M L F A E W R S H H T
V C F A F I W Z N M I K J F I
K Y F E N Y V A J P U P W B O
T W T H G I T L S T Z Z O C N
```

- ☐ Tightt
- ☐ Corosion
- ☐ Lawyerr
- ☐ Histori
- ☐ Freze

- ☐ Lokbox
- ☐ Mutilaytion
- ☐ Abstrakt
- ☐ Blodstain
- ☐ Greeving

Misspellings 10

```
Y T R I P M G G V L G C K P E
I C P R O F O U N D L O N H U
V V S H O R T A G E T N I O I
P N K T Y G N A N C W F A Y U
J J F W N X R Y W V M R T V T
F P R I N B P C Z A C O N D A
Y I Z L M B K N T K G N U L E
E L P I R Y S E E V D T O H R
H E P G M S R R X E K B M S T
F N W H Q I S A C U J X B I S
A D I T A I W R C S R B T P I
J K Z L G M E W R S Y C O S M
A B A A S A E L E P H A N T L
H U P W S J B C S L S D V E P
X R U E U I T C N I T S N I R
```

- ☐ Elephent
- ☐ Mistreet
- ☐ Dekrease
- ☐ Twylight
- ☐ Shortaje
- ☐ Materiel
- ☐ Confronnt
- ☐ Profund
- ☐ Mountein
- ☐ Instinkt

Answers

Happiness

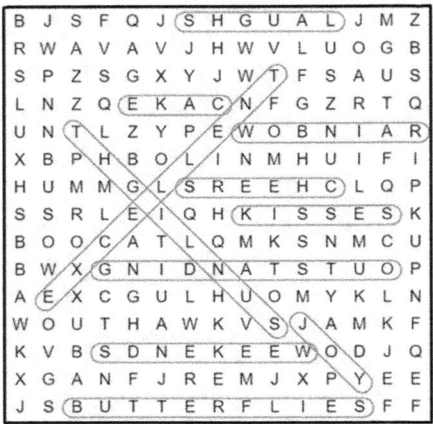

Tranquility

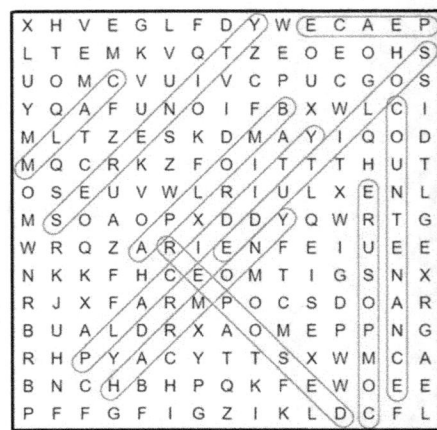

Scenery

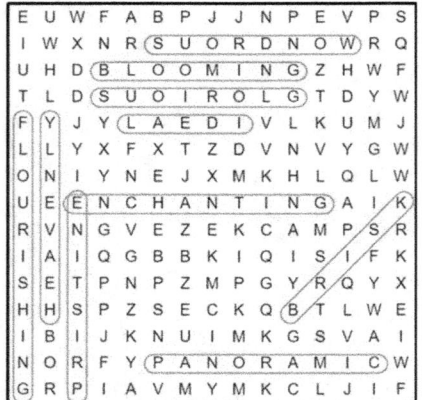

Peace

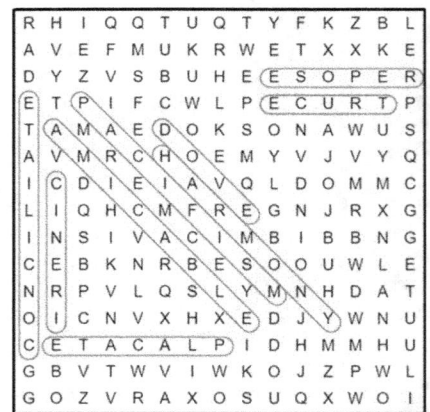

Ways to Achieve Mindfulness

Inner Peace

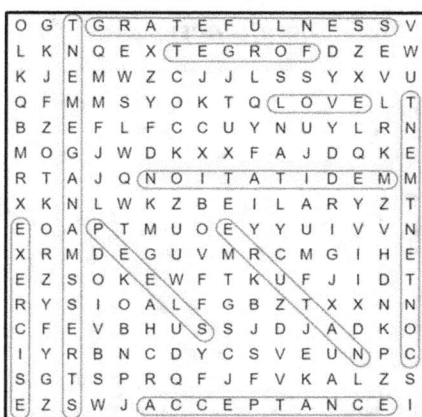

Cleanliness Around the House

Lifestyle

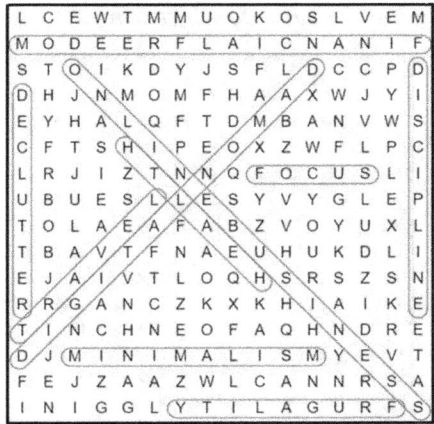

Mindfulness Apps

Travel Destinations 1

Travel Destinations 2

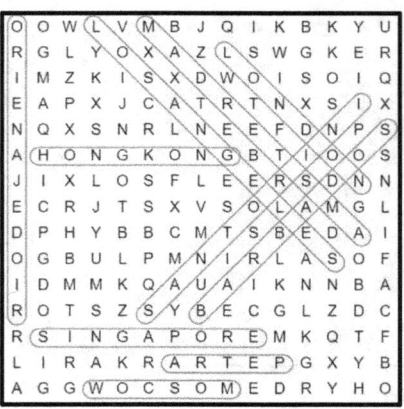

Travel Destinations 3

Travel Destinations 4

Travel Destinations 5

Travel Destinations 6

Travel Destinations 7

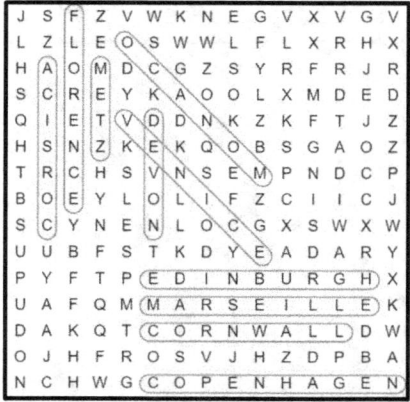

Travel Destinations 8

Travel Destinations 9

Travel Destinations 10

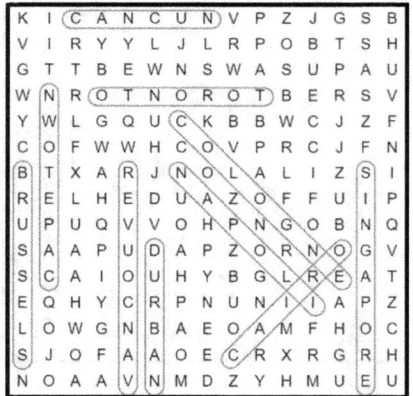

Meditation

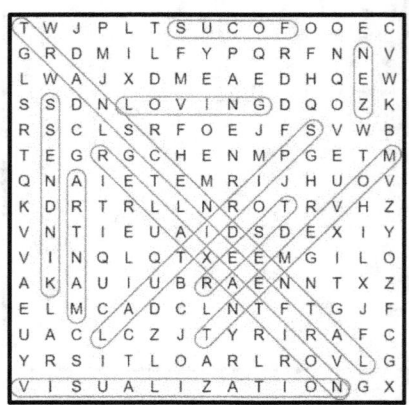

US Small Towns 1

```
A V A U B L D Y Q N H O F U A
M Y A M E P A C A E D C B F S
Y H P D J D K G Q Z V L I L W
Y Q J T G H D W H H R K D U S
G P O H B U B M V N B J T D S
A S U M E D I R U L L E T M Z
T F H C R G E T T Y S B U R G
L P S U B A R H A R B O U R V
I L E B I N A S U O O W J K V
N F S A N V I B E A U F O R T
B Y Y U G G H B L G D P X Y N
U W O C V G A N U G A L S B W
R L Z W N O C A X S T O W E R
G R G A F R A Y O T G P E E D
H K E N N E B U N K P O R T A
```

US Small Towns 2

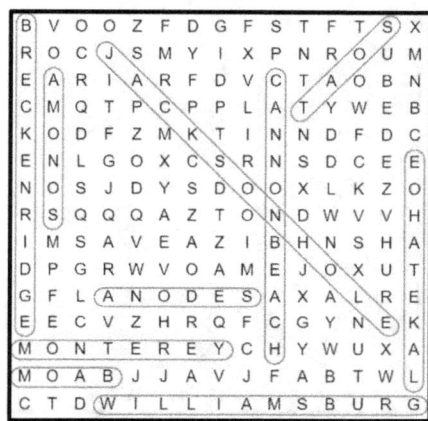

US Small Towns 3

```
C M J E R P D E S T I N D B C
H M Z T O J S U I I J L L R H
A V K T C S E N O O H B Q A Q
R M T E K W L Q V T O L R N C
L Q W Y F L P J I I T O I S H
O V G A O T A C C L S U Y O I
T Z D F R E N O P A P W I N N
T I E A D K K L E S R W W P G
E J D L V C Y S Z U I E I T H
S V S F A U K A W A N M D N R
V X J Y C T N U Y S G P T G W
I Q H D J N B Y L L S J V Y F
L R A S D A Q M L H P N L L R
L Q C O Y N W D N C H B W A S
E J A G H A L F M O O N B A Y
```

US Small Towns 4

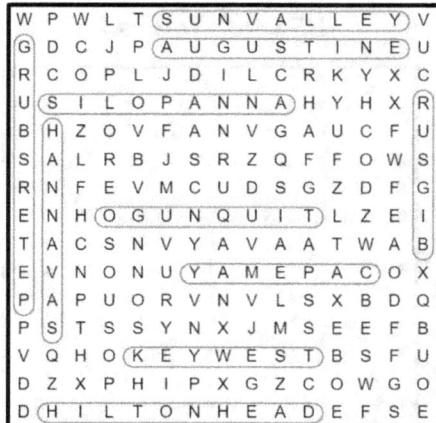

US Small Towns 5

US Small Towns 6

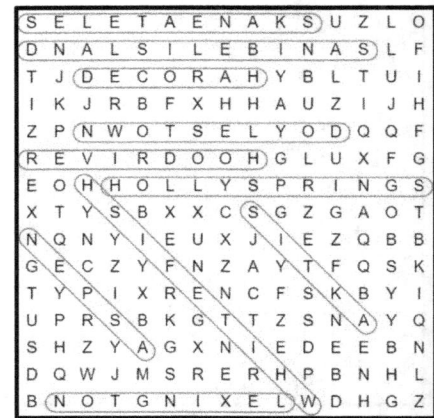

US Small Towns 7

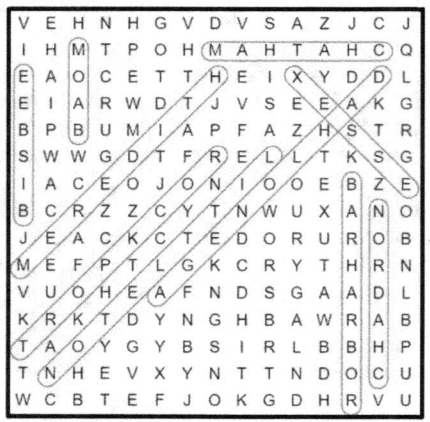

US Small Towns 8

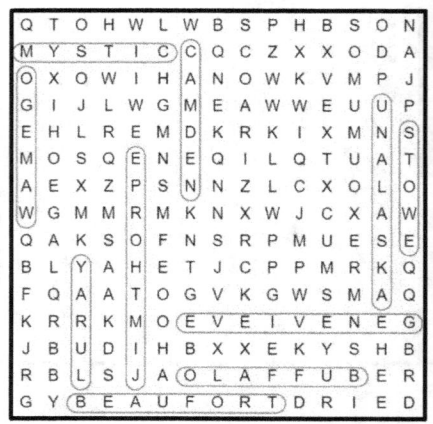

US Small Towns 9

US Small Towns 10

Australia Small Towns

UK Small Towns

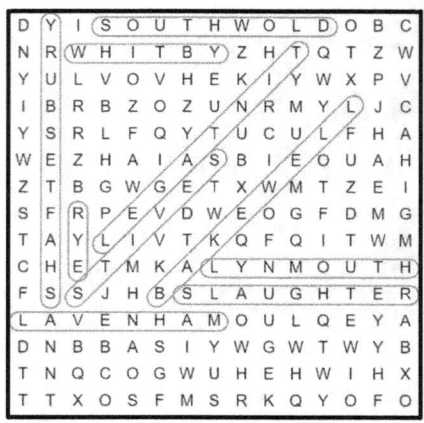

Canada Small Towns

New Zealand Small Towns

Physical Health – Exercise

Physical Health – Sports

Physical Health – Nutrition

```
G M Q C Z U T A E M I G N T F
P I S B N S E L B A T E G E V
T N Q R E B I F S K L P A E B
K E Z A C H V S I G W E P V L
Q R W W Z H S G A M S R R X F
B A J G P X E B Y O D W O A L
T L O W S T I U R F M S T O I
O S N S N I M A T I V S E K Q
H L Z X I O Z Z Y V P Z I E S
L D L G Y F A O C B J Y N Q Z
M P S C X Z B A U D S P S T L
Y H P D W G A F D T T V I O B
F W A T E R T N H Z T A M A S
A O S E T A R D Y H O B R A C
F M E N C U M H H Z X H R U Q
```

Yoga

```
D A N D A S A N A A K A I I G
Y T S W Q T Q I J H B T M G T
K U A E L A O H E A R M U Q T
G L V D B P O E G B X W D A A
J S N D A A F G A T Z I R Z R
T O Z R O S Q M Y Z V E A E T
Y R P R W J A X T H J F X T N
H Y T G V Y T N T P F D Z S A
E S T Y A M P A U Q P Z A M
H U F N P S R A H A X C M M D
M T A Y C P F G M N Y X B A J
N R Y V D B X C B K P H T N A
P A A T I N C N R V F O Q F I
F S A S M I H A S S R R O A D
O U B N L U D Z L P P Z A O P
```

Digital Nomad Lifestyle

Outdoor Living

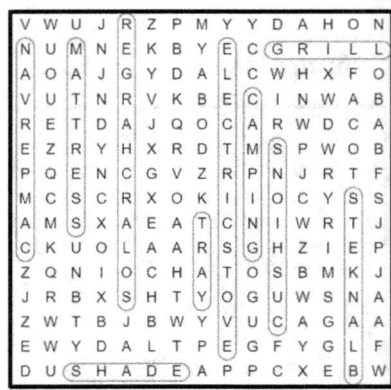

Mountain Living

```
K I O E V H E I Q A W Z W V K
K N A E J W F I R S T A I D J
L A V Q T Q H Z A F V D E P M
H N X S I F O H R F Y Q Q G P
F Q K T Q N T B E A R S F E T
E I Q Q Y Q T P H T G F Q L Z
R V R N W X U Z Z P W W N G W
C U B E W S B S C M O W B N I
P T V Q P N L I V A N B J O I
E Q K V A L H I K G S A A D A
L P Q Z M V A Y I N P O C T S
J G G H W J I C T I M H K F I
J M U D R O O M E K P P E W X
P A Y C A V I R P I W T T Q X
C T J A X U C Z W H K O J H E
```

Beach Living

Camping

Birds in Nature 1

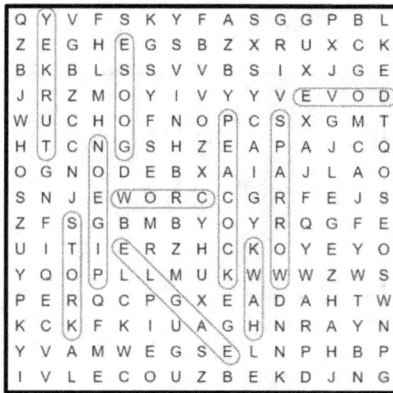

Birds in Nature 2

Birds in Nature 3

Birds in Nature 4

Birds in Nature 5

Animals in Nature 1

Animals in Nature 2

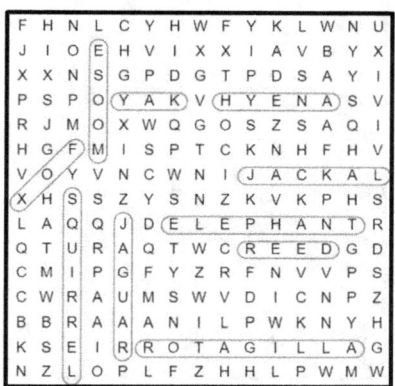

Animals in Nature 3

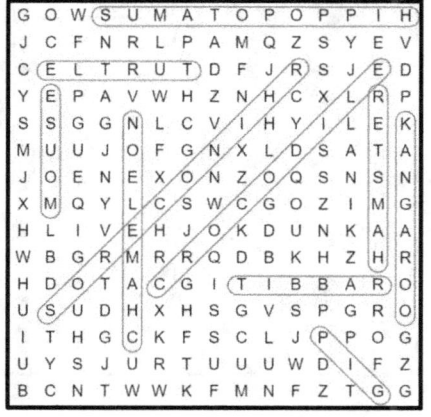

Animals in Nature 4

Animals in Nature 5

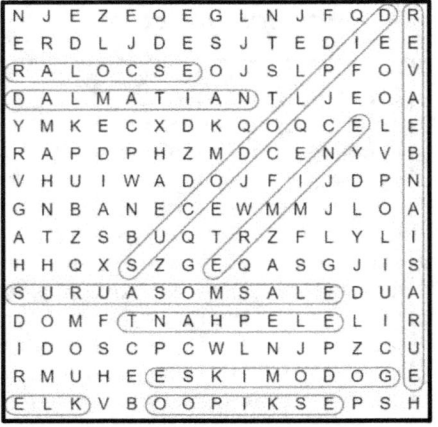

Animals in Nature 6

Animals in Nature 7

Animals in Nature 8

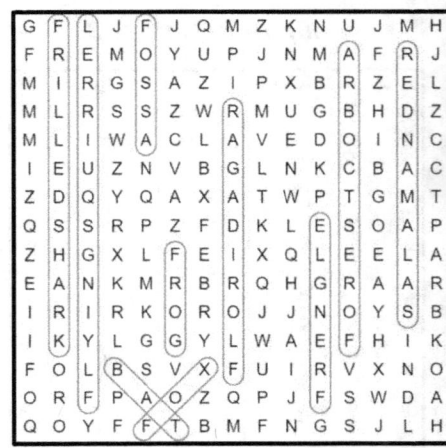

Animals in Nature 9

```
N O R E H Y E R G A Q X A V T
D W J K X M N O G R A Y F O X
R U M E L E S U O M Y E R G E
K R A H S F E E R Y E R G Y I
Z T T I A I U L K D I D R N H
E N A D T A E R G L R T E T U
F B X C X X R K U B B J H X E
V K U T S K K P X A I I P I O
T L G R N L W Z C L A Y O A S
E G O S H A W K O L R P G O J
F B V K H Y C O C I R Q C Q Q
L A E S Y E R G C R L Q B P W
P M J I P M G E Z O I V D Z Z
U Z D H C U M I F G Z P P C A
D N U O H Y E R G P Y Y X U X
```

Animals in Nature 10

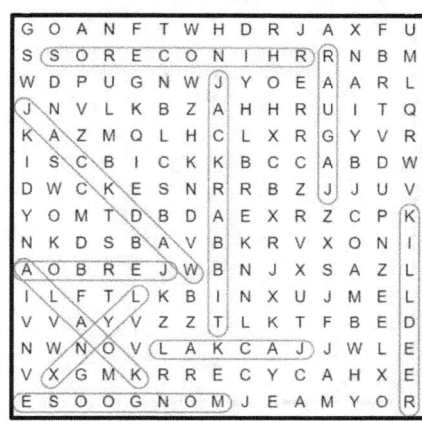

Sounds in Nature 1

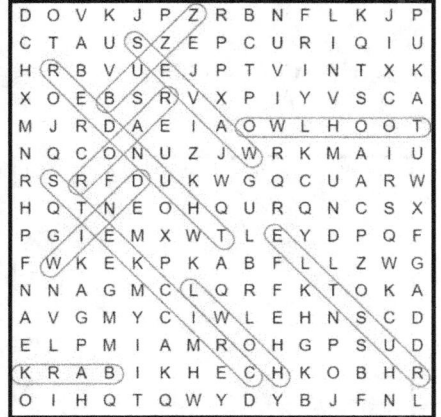

Sounds in Nature 2

Sounds in Nature 3

List of Breathing Exercises

Nature Walk – Things to Look for

Beach Walk – Things to Look for

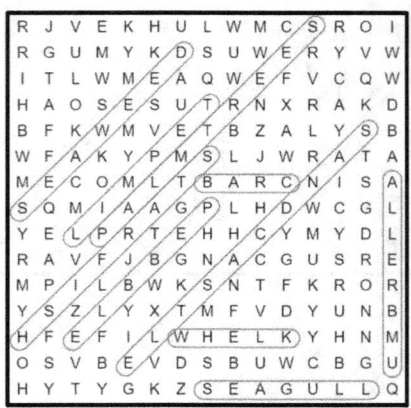

Body Stretches List

Mindful Spices List

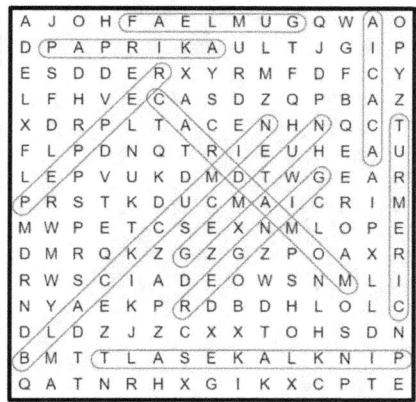

Mindfulness Music

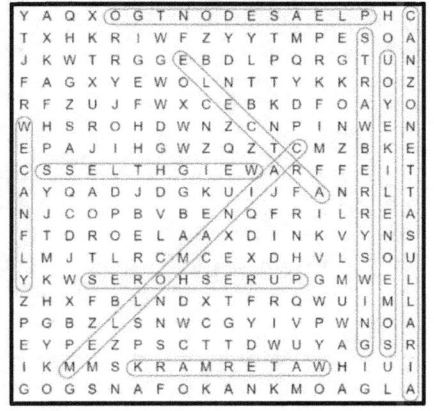

Flowers in Nature 1

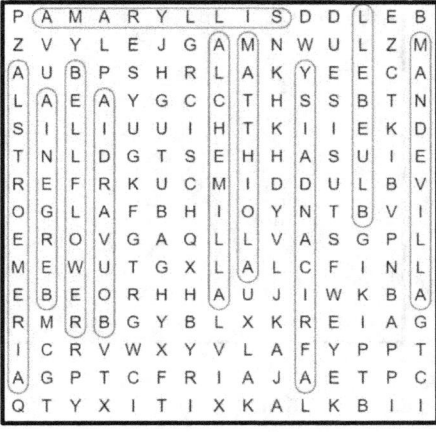

Flowers in Nature 2

Flowers in Nature 3

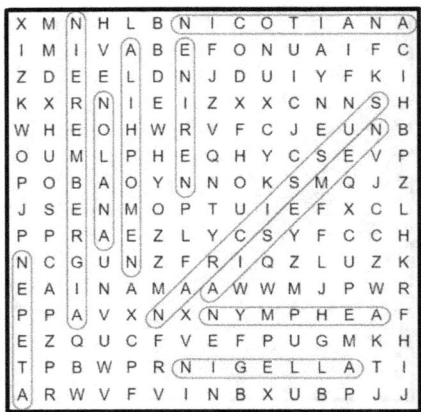

Flowers in Nature 4

Flowers in Nature 5

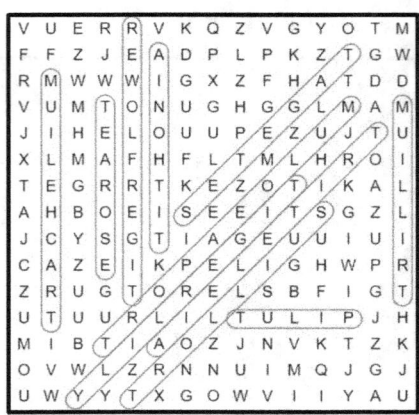

Trees in Nature 1

Trees in Nature 2

Trees in Nature 3

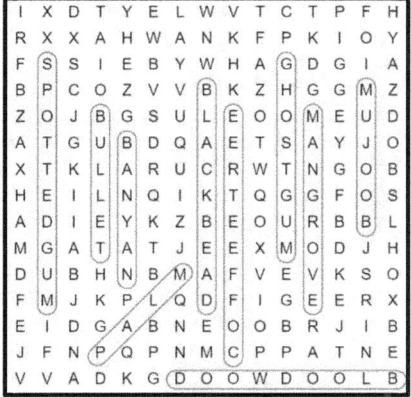

Trees in Nature 4

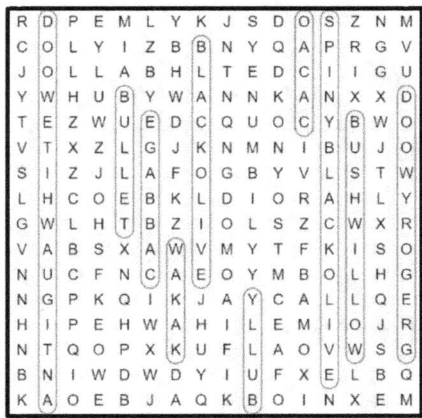

Trees in Nature 5

Insects in Nature 1

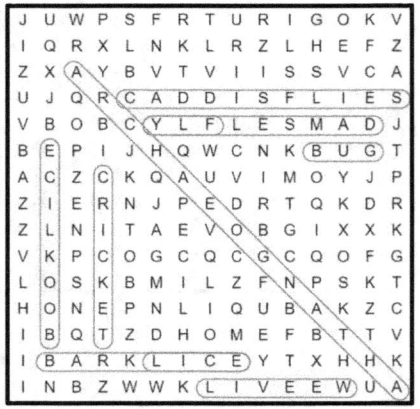

Insects in Nature 2

Insects in Nature 3

Insects in Nature 4

L	C	G	A	E	W	J	C	Z	X	X	P	B	W	V
Z	V	G	B	O	T	V	P	E	X	M	L	F	T	J
H	L	X	Y	T	W	Q	T	V	C	K	A	Z	K	M
S	Q	D	C	R	A	W	Y	L	Y	R	N	U	K	C
V	W	A	Q	B	E	Y	P	Q	A	R	T	W	Q	I
W	K	Y	S	P	L	P	Q	L	E	A	H	Z	K	Y
Z	L	Q	G	S	F	X	L	T	O	H	O	S	D	T
W	R	M	Y	H	C	I	A	T	O	X	P	R	S	U
R	O	D	F	O	P	K	I	U	Q	S	P	N	S	J
C	E	I	C	R	S	U	S	D	M	G	E	Y	N	Q
U	S	S	E	D	Q	E	Z	U	X	E	R	M	A	X
L	B	T	N	S	F	D	H	M	G	C	Z	P	I	W
Y	A	O	O	L	T	P	K	A	C	S	Z	H	L	X
C	P	M	Y	U	Y	R	E	R	O	B	D	O	O	W
R	P	S	F	G	Z	K	D	O	A	P	U	P	I	S

Insects in Nature 5

R	J	J	Z	L	M	S	U	A	Z	T	G	F	K	D
E	O	S	C	O	R	P	I	O	N	F	L	Y	G	F
F	D	U	I	D	F	A	M	L	W	R	Z	F	T	Y
A	C	M	O	N	A	R	C	H	A	D	W	L	N	L
H	A	Z	O	Q	L	D	G	N	A	T	H	H	A	F
C	H	J	C	G	Y	V	U	J	W	A	S	M	E	E
K	G	X	J	U	M	I	D	G	E	I	Y	O	R	S
C	O	M	L	B	A	N	F	U	F	W	X	Y	I	T
O	O	O	Y	E	F	S	Z	R	Z	N	R	F	F	E
C	Q	M	X	L	H	Z	E	X	F	O	D	X	Z	S
A	H	H	S	T	W	V	Q	O	M	A	G	G	O	T
X	P	Z	W	T	L	Q	O	D	G	C	H	X	B	N
V	F	W	Z	I	M	I	S	E	W	B	G	X	J	P
A	M	I	S	P	F	Q	D	X	L	O	M	F	N	B
W	G	B	A	S	S	A	S	S	I	N	B	U	G	C

Items Around the House 1

S	X	S	P	O	O	N	S	C	Y	E	D	H	I	R
G	R	U	V	R	T	E	L	L	I	K	S	B	S	K
U	E	B	U	W	I	Z	Z	A	T	M	F	W	W	N
M	K	Z	Z	B	G	L	B	O	N	E	Y	K	T	I
E	A	D	Y	E	H	Y	D	Z	Y	I	Q	G	Z	F
E	M	S	O	F	R	R	W	U	V	N	E	G	Z	E
F	E	O	F	S	C	E	L	X	J	H	S	M	S	R
F	E	P	D	A	T	L	U	J	I	U	R	S	D	E
O	F	H	X	H	Z	T	U	Y	Q	T	A	A	D	D
C	F	M	B	C	K	U	G	P	M	Q	R	D	X	N
F	O	R	L	Z	A	C	V	P	U	T	M	Q	D	A
K	C	I	C	S	R	F	D	Q	D	C	N	J	X	L
V	H	D	W	E	R	C	S	K	R	O	C	P	S	O
C	U	T	T	I	N	G	B	O	A	R	D	D	F	C
H	F	Y	R	Z	P	Y	J	G	M	P	S	H	U	M

Items Around the House 2

D	U	S	T	B	I	N	A	A	K	Q	F	V	P	T
X	C	Q	K	J	X	O	Y	I	E	T	M	S	H	G
W	O	X	Q	M	L	D	K	M	T	M	G	Q	C	J
E	F	V	T	M	G	F	E	U	T	J	M	B	O	S
H	F	H	P	Z	Z	T	F	C	L	U	T	L	K	T
J	E	K	R	E	F	R	I	G	E	R	A	T	O	R
D	E	B	S	G	U	M	E	E	F	F	O	C	R	F
W	M	S	E	X	D	I	V	H	R	L	J	V	H	I
N	A	C	R	E	T	E	M	O	M	R	E	H	T	P
J	K	T	W	B	V	D	R	S	Z	U	S	P	G	O
Z	E	C	E	Q	J	N	Z	N	H	O	X	L	N	E
K	R	T	E	E	H	S	G	N	I	K	A	B	H	N
H	R	C	C	Q	H	H	T	A	B	L	E	A	C	Q
Q	Y	Z	T	E	A	S	F	V	L	J	J	G	I	O
U	I	U	A	B	F	R	R	A	P	B	C	K	S	Z

Items Around the House 3

Items Around the House 4

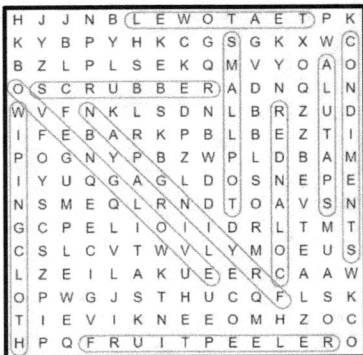

Items Around the House 5

Items Around the House 6

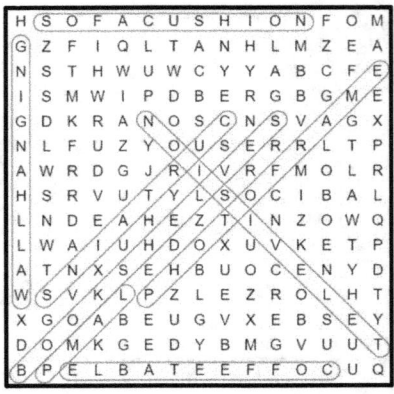

Digital Detox – Remove these Items

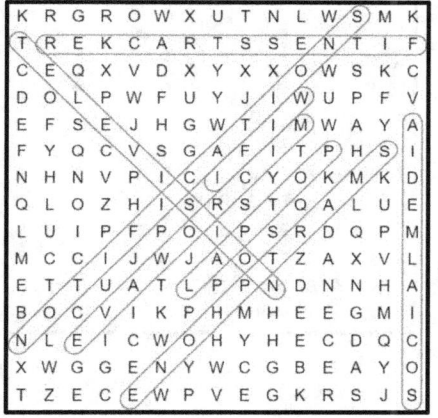

Digital Detox – Add these Items

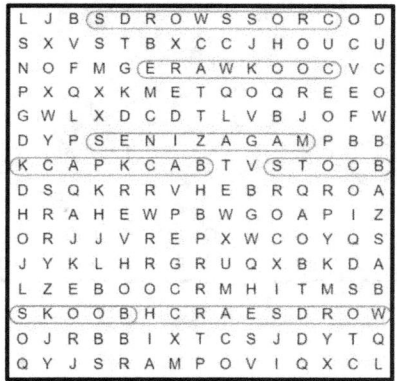

Misspellings 1

Misspellings 2

Misspellings 3

```
P E K O R T S T A E H O Y N T
S W Z C P M A T V Z Z D D F N
C U C D N N W H I S T L E E F
C P R W K H E H Y A V Y V N I
R E C N A T S B U S W E U I N
A I M O Z E O H G G I Q H H I
N K W L G Z M A M H R V D T S
B E V C S L E V C V N D Q M H
E N F I U M V A S R E N O L I
R G U S E U U A V T K U U W N
R Q P Q G R Q G A N P G Y C G
Y Z K T P E Z X G G H Y O X B
Q Y X M L E L J G L T G E G M
H G N W F O G A W Z E L M D H
O D T Z S T K A L R I R E O H
```

Misspellings 4

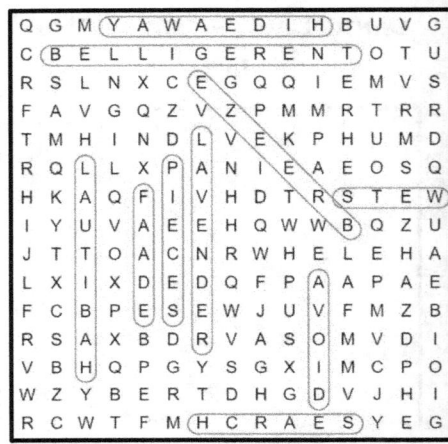

Misspellings 5

Misspellings 6

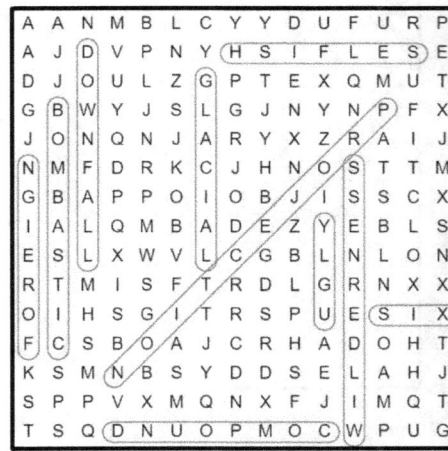

Misspellings 7

Misspellings 8

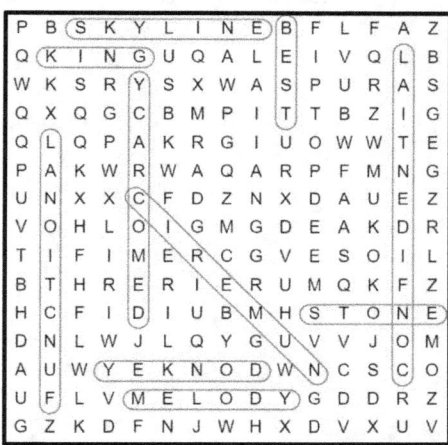

Misspellings 9

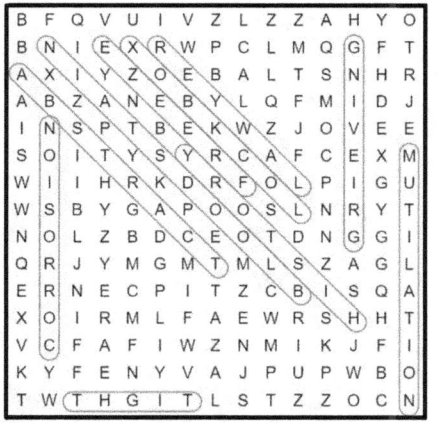

Misspellings 10

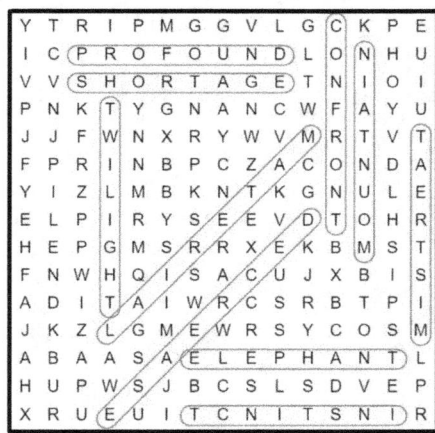

www.ingramcontent.com/pod-product-compliance
Lightning Source LLC
Chambersburg PA
CBHW071520080526
44588CB00011B/1504